HOMENS QUE CAEM

Marion Aubert

HOMENS QUE CAEM
Cédric, cativo dos anjos

Tradução: Renato Forin Jr.

Cobogó

A descoberta de novos autores e novas dramaturgias é a alma do projeto artístico que estamos desenvolvendo em La Comédie de Saint-Étienne desde 2011. Defender o trabalho de autores vivos e descobrir novas peças teatrais significa construir os clássicos de amanhã. Graças ao encontro com Márcia Dias, do TEMPO_FESTIVAL, e à energia dos diferentes diretores dos festivais que compõem o *Núcleo*, nasceu a ideia de um *pleins feux* que permitirá associar oito autores franceses a oito autores brasileiros e traduzir, assim, oito peças inéditas de cada país no idioma do outro; no Brasil, publicadas pela Editora Cobogó.

Na França, o Théâtre national de la Colline (Paris) e o Festival Act Oral (Marselha) se associaram à Comédie de Saint-Étienne para dar a conhecer oito peças brasileiras e seus autores.

Romper muros e construir pontes para o futuro: essa é a ambição deste belo projeto que se desenvolverá ao longo de dois anos.

Arnaud Meunier
Diretor artístico
La Comédie de Saint-Étienne,
Centre dramatique national

SUMÁRIO

Sobre a tradução brasileira, por Renato Forin Jr.   9

**HOMENS QUE CAEM –
CÉDRIC, CATIVO DOS ANJOS**   15

Sobre a Coleção Dramaturgia Francesa,
por Isabel Diegues   131

Intercâmbio de dramaturgias, por Márcia Dias   135

Plataforma de contato entre o Brasil e o mundo,
por Núcleo dos Festivais Internacionais de Artes
Cênicas do Brasil   137

Sobre a tradução brasileira

Da arte de voar em meio à queda

Meu voo aterrissou em Paris na antevéspera do atentado de 13 de novembro de 2015. Explosões e fuzilamentos articulados fizeram daquela noite uma das mais sangrentas da história recente da França. Cento e oitenta pessoas morreram e cerca de 350 ficaram feridas. A maior parte das vítimas foi baleada em uma casa de shows, o Bataclan. Lá onde poderia estar qualquer um de nós, estudantes e professores brasileiros. Na Maison du Brésil, reunimo-nos em frente à TV para, entre os lampejos das primeiras notícias, tentar entender o incompreensível. Seguiram-se meses de uma estranha tristeza coletiva. Como se todos estivessem no cerne da mesma chaga aberta, uma ferida contemporânea: a constatação de que nenhum avanço histórico ou científico poderia nos salvar da intolerância ou garantir alguma compaixão frente às diferenças.

Lembro-me de um almoço com a professora da UFRJ Gabriela Lírio, companheira de estudos na Université Sorbonne Nouvelle. Uma partilha de silêncios entrecortados por breves comentários sobre a nossa indecisão entre regressar ao Brasil ou persistir diante do medo. Em determinado momento, disse algo como: "Deve haver um motivo para estarmos aqui agora. Talvez transformemos esta dor, esta experiência do terror, em arte. Não podemos muito além disso." Tal recordação assaltou-me nas primeiras leituras de *Homens que caem*. Ter a oportunidade de traduzir o texto monumental de Marion Aubert é cumprir um pouco aquela promessa.

A dramaturga utiliza eventos ligados ao terrorismo, sobretudo a crueldade com que fundamentalistas do Estado Islâmico (EI) lançam homossexuais de prédios, para abordar a queda da nossa humanidade. A intolerância é o tema primordial e o pano de fundo de uma obra que mergulha no universo (a um só tempo) miserável e sublime de Jean Genet. A operação de que lança mão não é de simples adaptação do romance *Nossa Senhora das Flores*, mas uma reinvenção que toma seus personagens marginalizados, seus ambientes soturnos e sua energia insubmissa para um questionamento do presente, que teima em repetir o passado e esvazia a perspectiva de futuro. A viagem que Aubert empreende da década de 1940 – quando Genet caligrafou sua autobiografia ficcional na prisão em Fresnes – até 2090 evidencia o caráter atemporal da peça.

Além do intertexto, a obra apresenta outros traços essenciais da cena contemporânea, como o metateatro e a autoficção. Fruto de uma residência artística com a Compagnie Le Souffleur de Verre, a dramaturgia assume como ambiência os ensaios e os bastidores de uma montagem teatral. Os atores falam em primeira e em terceira pessoa de seus próprios personagens e daqueles do livro de Genet. Como se não houvesse distância entre eles. Como se estivessem contando a mesma história. E estão. A tônica dessa característica personifica-se no dramaturgo Cédric, que se verte na protagonista Divine, que, por sua vez, sendo transgênero, não se identifica com seu sexo de nascimento, o do menino Lou.

Aubert é mestre em conceber um jogo de espelhos, uma *mise en abyme* que conjuga arte e vida, ficção e realidade, masculino e feminino, comédia e tragédia, literatura, teatro e relato jornalístico. É um típico exemplar do que Jean-Pierre Sarrazac, ao definir o teatro das últimas décadas, chama de "drama rapsódico" e que se constitui pela "recusa do 'belo animal' aristotélico e escolha da irregularidade; caleidoscópio dos modos dramático, épico e lírico; reviravolta constante do alto e do baixo, do trágico e do cômico; junção de formas teatrais e extrateatrais, formando o mosaico de uma escrita resultante de uma montagem dinâmica".[1]

Tais aspectos formais e de conteúdo impõem-se como desafios de transcriação,[2] pois tudo é significativo e exige extrema atenção do tradutor: os gêneros dos artigos, substantivos e adjetivos (muitas vezes em construções mistas); os tempos verbais (com predomínio do *indicatif imparfait*); os pronomes em primeira e terceira pessoa; os discursos direto e indireto; as expressões idiomáticas do universo *queer*, os *verlans* e as reduções silábicas; a pontuação (focada em estruturas da fala e em fluxos de consciência). Na transposição desta trama intrincada ao português, contei com a inestimável consultoria do linguista (e, sobretudo, amigo-irmão) Marcelo dos Santos Mamed. Quanto aos intertextos, exigiram

---

[1] SARRAZAC, Jean-Pierre. *O futuro do drama:* escritas dramáticas contemporâneas. Trad. de Alexandra Moreira da Silva. Porto: Campo das Letras, 2002, p. 229.

[2] Na perspectiva de Haroldo de Campos.

vasta pesquisa, cuja menor parte aparece nesta edição em notas de rodapé e a maior fração esconde-se nas entrelinhas.

Contudo, o universo da autora é metaforicamente tão rico que até mesmo os aparentes obstáculos na transposição do idioma convertem-se em exercícios de descoberta e prazer. Desde o título, o uso do verbo *tomber* (*Des hommes qui tombent*) evidencia a pluralidade de sentidos, confirmados ao longo do drama: o castigo a que os gays são condenados pelo EI, a queda dos anjos no concreto da realidade, a precipitação climática, a descida do poder, a desvalorização da dignidade, o "tombo" da paixão (*tomber amoureux*). No fim das contas, a humanidade prosaica dos personagens, moldada por suas infâncias e trajetórias pregressas, coloca-nos a pensar que poderíamos ser qualquer uma daquelas prostitutas ou qualquer um daqueles bandidos, não nos faltasse o essencial: a coragem. Quero dizer que é um texto que joga com distanciamentos e identificações.

Por fim, penso na possível recepção desta dramaturgia no Brasil e, para além de sua atemporalidade, em sua universalidade. Não carecem motivos para refletirmos sobre as complexas questões LGBTQ+'s. Pelo contrário, as mãos invisíveis do machismo historicamente arraigado e do moralismo opressor atiram pela janela dos altos prédios – aqui também – centenas de gays a cada ano. O Brasil, fundamentalista a seu modo, registra um assassinato por homofobia[3] a cada 23 horas e é o país onde mais transexuais são mortos em todo o mundo.[4] Sem contar os inúmeros episódios de agressão que

---

[3] Dado divulgado por relatório do Grupo Gay da Bahia (GGB) em maio de 2019.
[4] Informação da ONG Transgender Europe (TGEU), com sede na Alemanha, divulgada em novembro de 2018.

não se restringem a essa população, estendendo-se a outras numerosas minorias, sobretudo mulheres e negros, também tematizados em *Homens que caem*.

À terra em transe do presente, cindida politicamente, estupefata com a escalada da violência real e simbólica contra toda e qualquer forma de valor humano ou civilizatório, o debate da intolerância jamais será supérfluo. Nesse ínterim, certas passagens do texto parecem talhadas à medida para o país tropical. A nação que, narcotizada por escândalos sucessivos, pergunta-se – como Arthur a Cédric – "Quem pode ser chamado de herói hoje?". Quem? Lembro, então, que, em um certo novembro, supus que o regresso à pátria poderia ser uma salvaguarda. Não era. Não é.

Mais que nunca, imersos na gravidade de tudo, urge aprendermos a voar.

Renato Forin Jr.
Agosto de 2019.

HOMENS QUE CAEM

Cédric, cativo dos anjos

de **Marion Aubert**

PERSONAGENS

O dramaturgo
CÉDRIC

O diretor
JULIEN

Os atores/narradores
CÉDRIC (Divine/Lou Culafroy)
JULIEN (Mignon-les-Petits-Pieds/Mimosa I, III, IV)
SABINE (Ernestine/La Ginette)
ARTHUR (Nossa Senhora das Flores/Jimmy/uma irmã)
CÉCILE (Solange/Seck Gorgui/Castagnette/o velho)
MATTHIEU (Alberto, Monique/uma irmã)
BENJAMIN (Gabriel/Communion/uma irmã)
STEPHAN (Angela/uma irmã)
ROMAIN (Fifi do Calvário/o velho Fifi)

A cadela
DOLL (uma terrier)

Os personagens do romance

DIVINE

MIGNON-LES-PETITS-PIEDS

ERNESTINE

LOU CULAFROY

AS TIAS (MIMOSA I, II, III, IV, COMMUNION, MONIQUE, CASTAGNETTE, ANGELA, LA GINETTE)

ALBERTO, o pescador de cobras

O VELHO

NOSSA SENHORA DAS FLORES

SOLANGE, a pequena pitonisa

SECK GORGUI

GABRIEL

JIMMY, P.151

ESPAÇOS

Algum lugar entre a peça...
(Saint-Étienne: o apartamento de Cédric e Julien, a sacada, a sala de ensaios, a sarjeta; Clermont: o Tabernáculo; Lyon: a casa de Fifi) ...
e o Livro
(Paris: o sótão, a casa do velho, a sarjeta, o Tabernáculo; Alligny-en-Morvan: no caminho, à margem do bosque, nos vales, à beira de um penhasco, a casa de ardósia, o cemitério)

TEMPOS

Algum intervalo entre a época do livro e hoje
Hoje
Algum intervalo entre 2090 e hoje

1. SAINT-ÉTIENNE, O APARTAMENTO, 2016.

CÉDRIC: Cédric tinha passado uma noite horrível. "Horrível!" Ele se revirara sem parar. Talvez até tivesse rangido os dentes. "Mais uma noite que lhe marcara o rosto!", pensou. Ele tinha marcas que não paravam de aumentar. "Passou da conta! Uma noite que passou da conta!" Ele queria encontrar refúgio em Julien, mas Julien dormia. [*Ruído de Julien.*] Entretanto, o motivo da insônia de Cédric não foi Julien. Não. De jeito nenhum. No fundo, o caso com Julien tinha sido resolvido. Tudo estava bem entre eles. Foi doloroso. Por mais que ficasse nervoso com o fato de ser seduzido por todo mundo. Mas Julien não era seu problema aquela noite. Cédric tinha um problema. Ele sabia. Ele sentia que esse problema moldava seu corpo. E lhe fazia suar. Pois é. Ele suava sobre o travesseiro. Era este o problema: "Está molhado!!" Várias vezes ele acordara gritando durante a noite, como a porra de um sonâmbulo. Julien dormia tranquilamente. [*Ruído de Julien.*] Como ele o detestava por dormir sempre bem! Tranquilo. Uma presença lânguida a seu lado. Já Cédric se sentia literalmente contraído. Uma pilha de nervos. Era isso que ele era. "E o outro aí! Relaxado!" Ele fumara vários cigarros durante a noite. Ele tinha vontade de apagá-los no corpo rechonchudo de Julien. Esmagá-los ali, na pele branca. "Franguinho." [*Tempo.*] Um momento de ternura passa rápido. Cédric voltou à raiva (isso sempre dava a ele um impulso para começar o dia). "Você tinha jurado que não fumaria mais sozinho!", disse ele ao seu reflexo no banheiro. "Você não vê que isso deixa sua pele feia no dia seguinte?!" Cédric se sentia visivelmente decrépito. Seu rosto o fazia pensar nas velhas fachadas dos prédios de Saint-Étienne. Completamente em ruínas. Uma tristeza o assolou: "Como eu gostaria de me abandonar!" Ele estava realmente para baixo. Ele tinha mordido o interior de suas bochechas. Sentia suas bochechas rugosas. Pois é. Exatamente. Ele começava a se devorar por dentro: "Eu me como! Eu estou me comendo! Corroendo meu sangue!" E, à noite, essas expressões tinham um sentido engraçado. Ele se imaginou completamente devorado por si mesmo. E Julien o encontra assim. O rosto perfurado pelas mordidas. Um rosto de renda. A palavra "renda" o faz pensar em *Nossa Senhora das Flores* (o romance). Genet (o autor) amava também os tecidos, as "*fendas da seda*", p. 29, as "*rendas em alto-relevo*", p. 36. E Cédric, de repente, percebeu o que, à noite, o corroía: ele precisava encontrar o começo do espetáculo. Ele estava em meio aos ensaios de *Homens que caem*, inspirado no romance *Nossa Senhora das Flores*.

	Ele montava o espetáculo com Julien. E o espetáculo o estava matando.
JULIEN:	Apesar disso, os ensaios iam bem. Ontem, eles tinham assistido a um filme para inspirar o trabalho: *Garotos de programa*.
SABINE:	Uma coisa meio shakespeariana.
CÉDRIC:	Pois agora ele estava com dor de cabeça. Estava com dor por tudo que é parte. O ventre. O crânio. Todos os lugares importantes. Ele se contorceu. Perguntou à noite o que seria dele. E se, neste ritmo, resistiria ainda por algum tempo. Ele teve vontade de gritar chamando a mãe. Ele ficava bem em sua dor. Tudo estava lento. "Talvez eu esteja simplesmente com fome." Ele pensou em Genet dentro de sua cela.
JULIEN:	O romance começava assim. Genet, sozinho dentro de sua cela, com retratos de assassinos.
CÉDRIC:	Perguntou se também ele, finalmente, não era um pouco assim. Prisioneiro. Abandonado. Sozinho. "Julien dorme. Isso não importa." Seus pulmões – no momento da negação do seu amigo, seu amante, Julien, sua mulher, seu tudo – anularam-se completamente. "Acalme-se." Ele cheirou a axila para encontrar paz: "Respire, meu querido." Ele embalou-se como se fosse a própria mãe por um instante, e, para si mesmo, falou com ternura. [*Tempo longo durante o qual Cédric cheira a axila e se emociona com o gesto que faz.*] Um gesto delicado. O braço passou em volta da cabeça. "Isso! Assim é bom!" Ele tinha acabado de, inconsciente-

mente, fazer um gesto circular. "Um gesto a *la* Nijinski!" Isso o emocionou. Ele fez o gesto de novo, e de novo. E refez uma vez mais. Ele sentia apenas a sua cela, porque, nestes momentos, era assim seu luxuoso apartamento em Saint-Étienne – em Saint-Étienne, a gente encontra supermercados baratos e, como diz o *Le Monde*, é uma cidade onde é bom viver: "A gente prefere as nossas vidas às vossas!" Ele pensou, e, pensando nisso, livrou-se definitivamente de todos os jornalistas, da elite à qual ele tentou em vão pertencer e dos parisienses, ele se livrou da capital e ficou contente, e o lado feminino vinha! Ah, sim, mas é claro: Cédric estava sentindo uma mudança no ambiente, ele sentia que estava se afastando de si mesmo, que ia embora, não tinha dúvidas disso, era apenas o suficiente para se abandonar, a noite ia ajudá-lo, e Genet também, ele tinha certeza, ele tinha que confiar no lirismo de Genet, mesmo que ele fosse desprezível, ele tinha que se afundar para sobreviver, onde eu estava? Gesto circular, gesto essencial, começo de algo, sim, esse gesto era o começo de algo, algo que ia acabar no baixo-ventre, e isto também, ele já pressentia, Cédric, mas ele não queria ir tão cedo, esperar, fazer durar, suspender o gesto que ia encontrar sua realização descendo ao longo do ventre, no calor de sua cela, porque este luxuoso quarto de Saint-Étienne era também uma cela, ou melhor, era ele inteiro que era uma cela para si mesmo, uma gaiola – ele preferia esta palavra, "gaiola de pássaro!",

onde ele trancava Divine dentro dele, toda
a sua beleza, sua raridade era prisioneira
ali no âmago de seu corpo, ele sentia que
ela batia, que ela queria florescer ao ar livre, arrebentar o corpo de Cédric e sair,
respirar, ela também, os odores das axilas,
e girar como ninguém, ter a cabeça em
círculos, e Cédric, ao sentir Divine a ponto
de irromper, não pôde deixar de sussurrar:
"Eu venho te libertar!!" E como ele estava
feliz de ser, desta vez, o guarda, depois do
prisioneiro! Ele pensou: "Meu prisioneiro!"
e se colocou a cantar docemente o *Dies
Irae*, ele não sabe como isso lhe veio, talvez das primeiras páginas de Genet, é possível, ou de sua infância de escoteiro, as
primeiras emoções de escoteiro, quando os
amigos o chuparam na barraca, como essa
lembrança era confusa, ele não sabia mais
muito bem quem tinha chupado o quê, se
eram dedos do pé, que estavam mesmo
ali, que, dele, estavam ali, ele se lembra como as jovens mães falam às vezes de seus
partos, quando elas sentem o bebê sair,
e quando a colocam lá, sobre o ventre, a
criança quente, Cédric se lembra como ele
nascera naquele dia, e ainda procurava desesperadamente – como era algo que ele
queria! Sacudindo-se mais e mais intensamente: "Não vem!", ele se balançava
não por ser vulgar – Cédric tinha tentado
se justificar porque ele era, no fundo, um
bom menino, não queria magoar completamente sua mãe: "Eu não empurro para
fazer você sofrer!", mesmo se ele soubesse que seu gesto, sem dúvida, causaria o

sofrimento da mãe, quando ela soubesse, quando ela descobrisse que ele não tem nada a fazer na vida senão se sacudir, ir e vir em público e perder seu tempo "então, neste momento, terroristas correm na rua! Ah! Eles acabaram de prender um em Molenbeek! Com um nome difícil de pronunciar!" Cédric tinha guardado o nome *"Salah Abdeslam"*, e esse nome o excitara, "*Salah Abdeslam*", "*Salah Abdeslam*", "*Salah Abdeslam*", e, de dentro dessa excitação, Cédric sentia Divine florescer: "Aaaaaaaaaaah!" *Longo tempo.* E dando corpo, e voz, a Divine, Cédric se justificava. [*Tempo.*] Cédric fazia Divine todas as manhãs do mundo, e não pensava mais nem em sua mãe, nem em ninguém, por Divine, ele escapava de todos os laços, tão suave ela era, ele escapava sobretudo de si, de sua vida ordenada em Saint-Étienne e, por Divine, ele estava perturbado, louco, louco, e o primeiro gesto de Divine, nascido das mãos de Cédric, seu primeiro gesto era correr de robe pelo sótão, e sentir o cetim roçar suas coxas, que ela trazia depiladas (Cédric as tinha preparado bem para ela), e abrir a janela grande, grande, grande, havia na janela gelo, a alegria da geada, ela riscou no gelo: "*Aqui vive Divine, a sobrevivente, nascida da trepada de Cédric com a página 18 de* Nossa Senhora das Flores." Ela estava feliz com esta união de um ator com um papel, que união magnífica, feliz de ter toda a literatura como mãe, especialmente esta, uma literatura um pouco escandalosa.

JULIEN: Você não quer fechar a janela? A gente está congelando, né?

CÉDRIC: Pois é, Julien interrompia tudo. Julien a interrompeu. Julien a dividiu em duas com o lance da janela. "Você me corta em todos os meus impulsos."

JULIEN: O quê? Você não vai chorar! Você está chorando por quê? Porra. Não é verdade.

CÉDRIC: Cédric começou a chorar. O choro vinha assim. Da voz rascante de Julien. Do gelo. Da janela que não podia se abrir (e que a feria de leve, sem dizer isso a vocês).

JULIEN: Porra.

CÉDRIC: E Divine, toda estilhaçada, não entendia mais onde estava. Nem quem ela era. Se era Cédric, ou Divine, ou Genet. Ou a cadela, por que não? E se ela ainda amava Julien. E o que ela estava fazendo ali. "Eu vou me lavar." [*Tempo.*] No chuveiro, Cédric abandonou Divine completamente. Ele já pensava em sua agenda. Nos cheques que tinha de depositar. No seu futuro, que o preocupava tanto. Cédric se projetava sem parar no futuro, onde Divine estava presente. Ele a invejou por ela estar em um livro e por ter tempo: a eternidade por ela. Ele se cobriu de justificativas. Sentiu pena de si mesmo. Ele diz a vocês: "Perdão, eu sou menos interessante." Ele se perguntou se era realmente menos interessante. Chegou à conclusão que sim. Mas, afinal, havia mesmo muitos tipos desinteressantes como ele, e suas vidas do tipo desinteressante os tranquilizaria, serviria a eles de simulacro, daria a eles um pouco de confiança e, hoje em dia, era necessário autoconfiança. E energia.

	Avante, avante, avante. *Tempo*. Ele ligou o rádio para saber mais sobre a fuga. O que diziam no rádio? "*Salah...*
ARTHUR:	*... Abdeslam, o fugitivo de 26 anos, 1,75m, olhos castanhos.*"
JULIEN:	Ele se perdeu um pouco com o lance da prisão de Salah Abdeslam, depois Cédric se recuperou.
CÉDRIC:	Seria necessário refletir sobre a dramaturgia do espetáculo. A peça devia começar com o enterro de Divine.
JULIEN:	Uma festa!
CÉDRIC:	– tinha sugerido Julien. "É. Claro." Julien tomara como exemplo o enterro em *Garotos de programa*.
JULIEN:	O problema é que Cédric dormiu no filme.

2. ALGUM LUGAR ENTRE O SÓTÃO DO LIVRO E SAINT-ÉTIENNE, O APARTAMENTO, 2016.

JULIEN:	Divine está morta.
CÉDRIC:	No Livro...
JULIEN:	... agora, Cédric falava de *Nossa Senhora das Flores* (Jean Genet, Coleção Folio nº 860, Editora Gallimard) como da Bíblia: ele dizia o Livro, simplesmente. E esta era a sua referência. Seu talismã. Tudo. O lugar onde ele encontrava refúgio quando o mundo lhe faltava.

CÉDRIC:	E, no Livro, Divine tinha morrido de tísica. Como esta palavra o fazia sonhar.
JULIEN:	*Divine foi morta santa e assassinada – pela tísica.*
CÉDRIC:	Diz o Livro. [*Tempo.*] E sua Divine? Do que podia morrer? Ele queria também lhe dar um fim. Fazê-la falecer desde o início. E, fazendo-a morrer, deixar-se, ele próprio, falecer. E como ele se amava um pouco, ele queria lhe dar uma morte bela.

Tempo durante o qual Cédric imagina todos os tipos de morte para Divine.

JULIEN:	Como vocês, ele achava muito insensato procurar equivalências, mas se convenceu com esta pequena tolice, e não pôde evitar.
CÉDRIC:	No fim das contas, Divine era uma prostituta. Ele disse para si: "Talvez ela tivesse morrido de AIDS?! Ou mesmo de sífilis. Ouvi dizer que está voltando." Parecia importante que ela morresse de uma doença sexualmente transmissível. Cédric encontra, por acaso, um papel:
CÉCILE:	*A AIDS se tornou, na França, uma epidemia muito específica. Secundária entre os heterossexuais, controlada ou mesmo decrescente entre os migrantes, pouco significativa entre os usuários de drogas intravenosas, mas potente entre os gays.*
JULIEN:	Você não vai fazer Divine morrer de AIDS, né?!

CÉDRIC: Diz Julien.

JULIEN: Nós não estamos aqui para fazer um espetáculo sobre os viados mortos pela AIDS. Não é nada disso o projeto.

CÉDRIC: Às vezes, contra toda expectativa, Julien colocava Cédric de volta nos trilhos. "É. Fiquei completamente perdido nisso da AIDS." Ele ri. Ele também não conseguia lidar com esta questão dos viados sempre ligados à AIDS no imaginário das pessoas. Ele queria estar ligado ao Além. Ser rainha. "Ou não! Branca de Neve! Ou Carmen Miranda! Ou Santa Teresa! Ela era ótima, a Santa Teresa!" Ele não sabia mais o que queria ser.

Tempo.

SABINE: Ele foi salvo pela visão de Ernestine. (Talvez um grito na rua tenha feito nascer esta visão.)

JULIEN: Ernestine... para os que não leram o Livro, se é que há alguém, Ernestine é ela.

Aparição de Ernestine.

JULIEN: Interpretada aqui por Sabine, e o papel lhe cai muito bem, porque ela carrega consigo um pouco de tragédia, muita tristeza, uma sensualidade um pouco pesada, e ela parece, também, estar apavorada com tudo, e amar os temores da noite, mulher odiosa, amorosa, abandonada.

SABINE: E nós estamos em janeiro. E a lama esfacela sob nossos sapatos. E Divine está morta. Ernestine espera no fundo do sótão. Ela espera ao pé dos degraus de sua filha. Ela vestiu suas mais belas roupas. Ela pensa "*sua filha*" agora. Ela o acha belo, bela, agora, dentro de seu caixão de vidro, como sempre sonhou, cadáver duro, e, rápido, ela passou *rouge* nas bochechas, com muito cuidado, ela a lavou, passou batom rosa nos lábios, responsavelmente para não borrar, ela raspou os pelos que nasceram à noite, ela a tinha contemplado, amado, bajulado – Ernestine não estava muito consciente, e os pensamentos apareciam de forma confusa em seu cérebro, mas ela soube, naquele instante, que tinha de aproveitar: ela sempre esperara esta eternidade. "O quê?! Este é o meu momento!" Ela só teria um, não o perderia, ela o tinha na mão desta vez, ela o tocara (ela tinha-o segurado tantas vezes, e tantas vezes tinham roubado a morte de seu filho, tantas vezes ela quis matá-lo, jogá-lo pela janela, que ele caísse de uma varanda por acaso, que ele fosse longe demais na lagoa e se afogasse, tantos cenários tinham se apresentado em sua mente, ou então perdê-lo dentro da floresta, como o Pequeno Polegar – por falta de imaginação, muitas vezes, ela se contentara com roteiros prontos, mas nenhum estava atrelado ao real, sempre esta morte ficara vagando, pairando como uma ameaça entre eles, surda, e ela tomara cuidado durante toda a vida – e, Deus, como sua vida tinha sido longa!!! Os roteiros de *tristeza*, porque eram esses, sobretudo, que a elevariam enfim a si mesma, ao grande papel que lhe fora atribuído, que lhe pertencia por direito! – ela não ganhou o primeiro prêmio de dicção no sexto ano??! Papel para o qual ela havia sido eleita, ela tinha certeza disso: às vezes se consegue perceber por que estamos nesta Terra, Ernestine sabia que estava lá para colocar a boca no caixão, e usar o véu, ela estava ali para ficar angustiada, e amaldiçoada, e chorar por muito tempo sobre o seu drama, e ela era a protagonista, papel que o filho não parava de lhe tirar, e tal papel ia levá-la às páginas seguintes, ela sabia, por isso estava fora de questão não aproveitar!!!).

Tempo.

JULIEN: Ernestine andava lentamente, e levantava lentamente a cauda do vestido, e lentamente levava a mão ao rosto e, extraordinária, dava a prova de que o papel fora feito para ela.

SABINE: – um papel sob medida!

JULIEN: – suas lágrimas escorriam lentamente, como em close, e, lentamente, Ernestine apertou a mão das Tias, e a câmera passou por um broche de ouro contendo seis fios de cabelo que tinham pertencido a Lou.

SABINE: – do tempo em que Divine se chamava Lou.

JULIEN:	– um dia ela teve de arrancá-los.
SABINE:	Claro que ela preferia perdê-lo criança, teria sido mais bonito. E, também, todas as suas namoradas estavam mortas. E quem quer vê-la ou sentir pena dela???
JULIEN:	Nesta altura, Mignon entrou no seu campo de visão.
SABINE:	Ela fez o espetáculo para ele. Só para ele. Ela se doou toda.

Aparição de Mignon.

JULIEN:	Mignon era um cafetão. E como todos os cafetões, ele amava as velhas mães. Ele pensou:
MIGNON:	É a velha mãe.
SABINE:	Ele a achou linda:
MIGNON:	"A velha mãe de Divine." Divine, que ele tinha amado sem perceber. Ele passara lá uns bons anos de sua vida, os melhores, sem que se desse conta, cagando em seus banheiros. Tinha feito até mesmo o chá uma vez. E tudo isso não era nada. De tudo isso, mal se lembrava. Ele tinha seguido em frente. E toda a sua vida tinha passado, passando de uma a outra coisa, sem que isso o fizesse sofrer. Mignon era um cara durão.

As Tias & Mignon.

AS TIAS:	Ele é duro! Duro! Duro![1]
ANGELA:	Você viu. Este é Mignon!
CASTAGNETTE:	E que fofo!
LA GINETTE:	Como ele se chama?
AS TIAS:	Mignon!
COMMUNION:	Combina muito bem!
MONIQUE:	Olá!
ANGELA:	Como você se chama?
MONIQUE:	Não seria Mignon seu nome?
COMMUNION:	Mignon-les-Petits-Pieds!
AS TIAS:	Muito fofo (×10)
CASTAGNETTE:	Você é tão fofo! O que você é: é fofo! Olá!
AS TIAS:	Olá!
MIGNON:	Você não tem um cigarro?
AS TIAS:	Diz, Mignon.
MIGNON:	Eu esqueci o meu pacote de cigarros.
LA GINETTE:	Tem certeza?
ANGELA:	Onde está seu pacote, Mignon?
AS TIAS:	Você quer que a gente encontre o seu pacote?

---

[1] As passagens grafadas com tipologia diferente destacam letras de canções e/ou diálogos cantados. (N.E.)

JULIEN:	E estas eram as Tias.
SABINE:	Desesperadas:
AS TIAS:	Oi! Olá, Mignon!
JULIEN:	Elas viam Mignon e, imediatamente, pensavam que estavam numa boate, no Tabernáculo como está escrito no Livro, e, pior, ficavam excitadas com seus banheiros sedutores, excitadas com este cheiro de morte, superexcitadas ali no sótão, com esta mãe tão linda e a Divine tão dura.
CASTAGNETTE:	A mais dura das duras!
ANGELA:	Eu deveria ter vestido seu longo para a ocasião!
JULIEN:	Angela, por exemplo, era uma que a amara muito, mas percebeu isso só naquele dia:
ANGELA:	É uma pena! Eu a amei e não percebi!
JULIEN:	Este amor exaltou-a. Ela, que jamais se sentia capaz de amar senão pela traição, se jogou no caixão para chupar Divine uma última vez, dar-lhe uma espécie de extrema-unção. Ela mal conhecia religião, mas tinha a ilusão de oferecer-lhe os últimos sacramentos, e, todas, elas se debatiam:
COMMUNION:	Eu!
MONIQUE:	Eu!
CASTAGNETTE:	Eu a conhecia bem!
JULIEN:	– e, tão já, ninguém olhava com malícia para a herança:

COMMUNION: – um leque de *"galalite"*, p.99.

JULIEN: Mignon agiu como de costume e se empenhou para descobrir quem era a mais próxima da morta. Talvez Communion, que alegou que ela tinha sido a única a ser enrabada por Divine,

COMMUNION: Quando nem era verdade!

JULIEN: ... ela guardou a informação para si como uma mentira horrível, e todas relatavam pequenas histórias de ligações, de momentos privilegiados, e só Mignon não contava nada.

Tempo.

MONIQUE: Temo que ela se levante e quebre o caixão!

CASTAGNETTE: Disse Monique, que tinha visto muitos filmes de terror.

JULIEN: As Tias não puderam deixar de rir dessa evocação.

SABINE: E é assim que desceram o caixão de Divine, e não era nada prático, a escada era íngreme, Divine ficou encolhida, toda espremida em uma extremidade.

ERNESTINE: Todo meu trabalho estragado!

JULIEN: Pensou Ernestine. Ela lamentou não ter tido outros filhos.

ERNESTINE: A oportunidade não me será dada tão cedo.

ANGELA: O que é que ela tinha feito?

SABINE:	O tempo estava muito bom. Nós estávamos agora na primavera.
JULIEN:	Este funeral tinha durado três dias. Seis meses. Vinte anos.
SABINE:	Uma vida.
JULIEN:	Toda a vida de Ernestine estava lá. Mignon lhe diz:
MIGNON:	Você parece feliz.
DIVINE:	Eu estou tão
feliz
porque você está
na minha vida
Eu estou tão
feliz
porque você está
na minha vida
Tão feliz
Tão feliz
Tão feliz
Tão feliz

3. SAINT-ÉTIENNE, O APARTAMENTO, 2016.

CÉDRIC:	Cédric achava Julien belo como Mignon: "Como ele estava lindo!" Julien não tinha caído em sua cama por acaso: "Você sabe! Não é coincidência você estar na minha vida, Julien!"
JULIEN:	Ele exibe o livro *Nossa Senhora das Flores*:
CÉDRIC:	"Eu sou a verdadeira Divine, você é o verdadeiro Mignon! [*Ele ri.*] Mignon-les-Petits--Pieds!" Ele observou: "Passar pela ficção

para *reinventar nossa relação!"* Julien sempre queria reinventar a relação. Era um pouco confusa para Cédric essa história de casal que se reinventa. Ele ia bem. Ele dizia *"eu te amo"* para Julien todos os dias, e assim pensava. Julien nunca lhe dizia *"eu te amo"*. [*Tempo.*] Cédric olhou para seu homem com ternura. Seu cabelinho ralo. O que lhe resta. Sua barriga, tão branca. Não parecia um bandidinho? Ele parecia uma rainha e um bandido. Lindo e mau ao mesmo tempo. "Aaaaah! Como ele queria construir uma existência literária!" Isso. Mignon, era ele. Todo ele: "Todo você!" Todo ele.

Sala de ensaios, 2016.

As Tias.

TODAS, EXCETO LA GINETTE: Uau! É Divine!

LA GINETTE: O quê? O que está acontecendo?! O que eles fazem?! Eu não vejo nada, caralho! Me deixem ver!

ANGELA: Divine e Mignon!

CASTAGNETTE: É Divine e Mignon!

ANGELA: Como eles são lindos.

LA GINETTE: Eles são casados?

Saint-Étienne, o apartamento, 2016.

CÉDRIC: Outro dia, Cédric foi convidado para um matrimônio de amigos. Havia tudo. O bolo de casamento. O crepe sobre os carros. Os bem-casados. Tudo isso o deixava desconfortável. E de feição triste. Ele pensava: "É bom ter os mesmos direitos. Mas ainda assim. Toda esta macaquice." Ele tinha ido embora rápido. "De qualquer forma, Julien não quer se casar. Então..."

4. ALGUM LUGAR ENTRE O SÓTÃO DO LIVRO E SAINT-ÉTIENNE, O APARTAMENTO, 2016.

MIGNON: Mignon conversa por telefone com sua mulher por muito tempo.

DIVINE: Acontece que eles estão ali! No mesmo apartamento!

MIGNON: Divine gira em torno dele.

DIVINE: Ela gostaria muito de tê-lo todo pra ela. Ela faz gestos para Mignon de que deseja chupá-lo enquanto ele está há muito tempo com a esposa ao telefone. No fim das contas, isso é humilhante.

MIGNON: Mignon faz sinal que não.

DIVINE: Mas Divine quer. Ela faz o boquete enquanto ele fala com a esposa.

MIGNON: Mignon se entrega. Ele deixa uma das cabeças falar e a outra ser chupada.

DIVINE: Divine eleva os olhos para ver: "Você é grande!"

MIGNON: Puta.

DIVINE: Larga, Mignon.

DIVINE & SABINE: A uma e à outra, ao mesmo tempo, ele diz:

MIGNON: Mais.

DIVINE: Divine estremece: "Aaaaaah! Meu Mignon!"

MIGNON: E, de relance, seu nome vaza pelo fio telefônico.

DIVINE: "E como esse fio era bom!" Ele era longo e muito mais grosso do que a gente podia imaginar: "Aaaah!" Mignon estava longe. Do outro lado. Divine pensou: "Aaaah! Do outro lado!" E os espectadores embaixo, olhando tudo de boca aberta, os olhos voltados para eles, de boca aberta, de boca aberta, e Divine tinha o desejo de gozar com todas aquelas bocas, todos aqueles olhos. "Eu vou foder com todos os olhares!", diz ela, e, nesse instante, aaaaah! Uma neve caiu por todo o espaço: "Uau! Está nevando, mamãe! Está nevando!" – porque havia também crianças, e as crianças, com suas línguas, faziam derreter os flocos, os flocos em ebulição: "Mais! Mais!" Divine, incapaz de continuar, deslizou ainda para encontrar o oco de seu Mignon: "Aaaaah! Acrobata!" Ela estava tão feliz. Ela quis lhe dizer isso e, então, ficar ali. Ela pensou: "Eu estou tão feliz porque você está na minha vida, seu puto." Ela repetiu como um mantra: "tão, mas tão".

MIGNON: Mignon desliga. "Por que você fez isso?"

DIVINE: Você só não tinha que

MIGNON:	Diz Divine.
DIVINE:	Ter demorado tanto.
MIGNON:	Mas Mignon já tinha passado para outro assunto.
DIVINE:	O que você está fazendo?
MIGNON:	"Nada. Coisas chatas. *The dirty job. Someone has to do it.*" Ele adorava dizer esta frase.
DIVINE:	Divine caiu. Quando ela abriu os olhos, os telhados estavam cobertos de neve.

5. ALGUM LUGAR, MAIS TARDE, ENTRE O SÓTÃO DO LIVRO E 2016.

DIVINE:	Divine tinha mandado Mignon embora. Ela tinha devolvido ele a Mimosa: "Toma!"
JULIEN:	Ela se convencia disso, mas, na verdade, Mignon a tinha tratado como uma cadela e depois a deixou.
DIVINE:	Divine permanecera ali, sozinha, com a palavra, no sótão, e a palavra a assombrará por muito tempo, toda a sua vida, mesmo quando Mignon lhe enviar "Mil bons beijos" de sua prisão (Centro Penitenciário de Fresnes, 1942), ela saberá, no meio disso tudo, que ele a tinha machucado de propósito, e de forma gratuita, e não vai se curar, mas vai esperar, ficará com as feridas abertas ao futuro, a machucá-la, e mesmo que eu quisesse que isto fizesse dela uma santa, pelo

menos um primeiro passo para a santidade, a Divine que me atormenta, na verdade, é sobretudo uma mulher que não sabe muito bem o que fazer com isso, todas as humilhações, os golpes baixos, e que tinha acabado por se tornar hipersensível para coisas bobas, besteiras, o que fazia as Tias dizerem dela:

MONIQUE: Divine é um porre!

COMMUNION: Ela se irrita por nada!

DIVINE: E, se alguns se tornam sábios com o passar da idade, Divine tornava-se mais e mais frágil, um castelo de areia, molhado com todas suas lágrimas, espezinhado, destruído por pessoas que não compreendem: "Nada, nada, nada da beleza dos castelos!!" Era assim que ela gostava de se consolar, ao ter a sua crise, achando-se repentinamente bonita porque efêmera (além do mais, ela gostava da palavra), e, ao mesmo tempo, se havia uma coisa que ninguém poderia tirar dela, era sua consciência aguda do tempo "*sobretudo quando ela tomava seu chá olhando o cemitério pela janela*", p. 18) – e, olhando suas meias, tinha o costume de dizer: "Eu sou uma estrela fugaz!"

6. ALGUM LUGAR ENTRE O SÓTÃO DO LIVRO E SAINT-ÉTIENNE, O APARTAMENTO, 2016.

JULIEN: Divine é uma abandonada. Divine, sozinha no apartamento, não espera mais grande coisa da vida.

DIVINE: Claro que sim! Tudo! Tudo! Eu espero tudo!

JULIEN: Quando Divine está só – eu digo só, mas traduzam como desesperada, abandonada, negada por Mignon –, ela não faz drama.

DIVINE: Claro que faço!

JULIEN: Divine não rasga as cortinas. Divine não chora em pesados soluços como teria feito Ernestine. A humilhação a deixa humilde. Ela pensa:

DIVINE: Meu desespero é imenso! [*Tempo.*] E arranco as cortinas! E choro! E grito! E deixo toda a louça suja na pia! Eu não lavo nada, nada!

JULIEN: DIVINE NÃO FAZ DRAMA! Não. Ela se deprime. Ela entra em grave depressão. Ela fica na cama. Isso pode durar anos. Ela não faz nada.

DIVINE: Se ela está com febre.

JULIEN: Quando ela está bem acomodada.

DIVINE: (Com o cobertor e com uma compressa.)

JULIEN: E, muito deprimida, Divine se enreda na memória de Alberto, "*o pescador de cobras*, p.160", quando ela se chamava Lou. Quando ela era criança. Divine convoca Alberto.

DIVINE: Às vezes, ela tem muita preguiça de regressar à memória: "Está longe." E ela fica agarrada à sua raiva de Mignon.

Cenas de raiva.

DIVINE: "Você me pegou. Eu vou te matar. Você me fodeu. E agora eu vou te matar." Isso volta a sua cabeça. "Mate-o. É preciso matá-lo. Te livra dele. Sai! Vai embora! Para com esse Mignon! Sai da minha cabeça! Desaparece! Ooooh! Eu te amo, Mignon! Eu ainda te amo. Você é toda a minha vida. Você não entende nada! Como você pode? Sai! Volta. Vem me ver. Finge passar aqui por acaso." E, se ela tivesse um telefone: "Liga pra mim. Me dá um sinal. Um sinal de nada. A gente é namorado? Ainda!" E pra si mesmo: "Você é burra demais. Miserável. Puta miserável." Às vezes variava: "Sua filha da puta." Ela até tentava o insulto que ele tinha lançado contra ela: "Cadela." Mas, definitivamente, não passava. "Não entendo." Ela procurava. Mas não havia razões. "Ele queria abandonar isso tudo." Ela fuma. "Nem te queria." Ela come uma barrinha de cereais. "Ele sai em busca de dinheiro." Ela joga o documento de qualquer jeito no apartamento. "Não procura. Deixa pra lá." Divine se detém diante de uma série podre: *Angélica, a Marquesa dos Anjos*.

JOFFREY: Eu também estava louco.

ANGÉLIQUE: Louco?

JOFFREY: De esperar.

ANGÉLIQUE: De esperar o quê?

JOFFREY: Para dizer.

ANGÉLIQUE: Então diga!

Tempo.

JOFFREY:	*Eu te amo.*
JULIEN:	E, graças a esta série, Divine retorna à infância.
SABINE:	Ela é Lou.
LOU:	Eu sou Lou!
CÉCILE:	E ela descobre o amor pela primeira vez. E o amor é um menino. E ela não sabe o que ela é.
LOU:	Eu não sei o que eu sou!
CÉCILE:	Ela é alguém que é outro.
LOU:	Eu sou uma menina! [*Ela ri.*] Menina! Menina! Menina!
CÉCILE:	E há na cidadezinha um menino. É um menino terrível: "Primeiro, ele é pobre. Ele não tem pais. E, depois, ele é de origem estrangeira. Talvez um cigano!"
LOU:	A palavra "*cigano*" faz Lou se arrepiar inteira. Porque a pequena menina Lou e, mais tarde, Divine estavam cheias de desejos não muito bonitos: "Traços de dominação pós-colonial."
CÉCILE:	E como esse Alberto...
LOU:	Ele se chama Alberto!!
CÉCILE:	... lhe excita a curiosidade.

Aparição de Alberto.

ALBERTO: Olá!

Tempo.

Lou ri.

ALBERTO: Você é Lou da casa de ardósia?
LOU: Lou Culafroy.

Lou ri.

ALBERTO: Culafroy?

Lou ri.

ALBERTO: Ok. Ok.

Alberto esfrega os dentes nos lábios inferiores.
Tempo.

ALBERTO: Você já viu cobras?

Lou ri.

ALBERTO: Ok. Ok.

Tempo.

LOU: [*Aparte.*] Ele fala! Ele me fala! Eu estou viva! Viva!

Tempo.

JULIEN: Lou deixa Ernestine em paz.

ERNESTINE: Ainda bem. Eu tenho paz. [*Tempo.*] É estranho.

LOU: Tchau, mamãe!

JULIEN: Ela quase sente a falta de Lou.

Tempo.

ERNESTINE: O que você está fazendo? Onde é que anda? Não volta tarde! [*Tempo.*] Por onde é que você andou?

CÉCILE: Mas Lou não anda. Ele voa. Lou é como um louco. Ele voa. Ele voa a caminho de casa. Ele voa em sua bicicleta. Ele voa por toda parte. Sobre as cerejeiras. Ele vai até os picos.

LOU: E espero que Alberto não me veja!

CÉCILE: E volta.

LOU: Haha!

CÉCILE: Ele ri.

LOU:	*I'm in love!!!*
CÉCILE:	Ele beija as folhas. E tudo tem gosto. Ele come com apetite.
JULIEN:	E esta lembrança revigorou Divine, que também tem fome, fome, fome!:
DIVINE:	Eu bem que comeria uma costela!
JULIEN:	Ela convida sua memória a se sentar à mesa. E o que, de fora, poderia parecer patético – para vocês que estão sempre a postos para julgar, zombar ou, o que é ainda pior, ter pena de, vocês diriam, "um viadinho que coloca a mesa para suas lembranças, e até acende velas, haha!" – é de fato uma festa verdadeira, o começo da vida, e todo o vilarejo de Alligny-en-Morvan está no apartamento de Divine. A roupa branca que seca. Os lençóis que batem. E os banheiros no jardim.
DIVINE:	Ali onde eu me afogava em peidos!
JULIEN:	E ela vai até o banheiro para sorver o odor de merda.
DIVINE:	Este é meu problema!
JULIEN:	Ela sorri.
DIVINE:	Eu que fazia isso!
JULIEN:	E ela está contente por ter feito alguma coisa.
DIVINE:	Não se pode dizer que eu não fiz nada!
JULIEN:	Ela sorri.
DIVINE:	Contente! Eu estou contente!

JULIEN:	Ela se transforma. Porque Alberto invade todo o quarto.
CÉCILE:	Ele surge. Com suas coxas musculosas.
DIVINE:	"Vem cá, meu colosso!" Ele tinha, talvez, 16 anos e parecia um homem: "É um homem! Um homem! Um homem e eu o amo!"
ALBERTO:	E ele estava encantado.
DIVINE:	Oh! Ele assovia usando os dedos!
CÉDRIC:	Mais tarde, ao assoviar, Divine tentará imitar o homem que Alberto era. Porque nele estava entranhado o homem verdadeiro. O original. O primeiro. O perfeito. O que primeiro a levou a Deus. "Que tola!" Este foi o seu Deus.
DIVINE:	Ela dizia: "Eu vou me oferecer toda a ele como sacrifício." Mas dissimulava, porque não conhecia toda a malícia, mas tudo nela gritava: "Me pega! Me pega! Me pega!"
CÉCILE:	E mesmo os juncos em volta:
OS JUNCOS:	Pega ela! Pega ela!
CÉCILE:	E os riachos:
OS RIACHOS:	Peguem-se!
DIVINE:	Ela queria ser pega. Presa. Cativa dos anjos.

Nos vales. Cinco horas. Aparição de Alberto.

ALBERTO:	Vem. Eu vou te mostrar uma coisa.

LOU: [*Aparte.*] Aaah! Eu nem sei o que dizer!

ALBERTO: O gato comeu sua língua?!

LOU: Hahaha! [*Aparte.*] Aaah! Como eu sou besta por rir!

ALBERTO: E aí? Você tem medo?! *"Diz, vai. Eu costumava ser assim antes"*, p.162.

Tempo.

ALBERTO: Coloca a mão.

Tempo.

ALBERTO: Viu, elas não te machucam.

Longo tempo.

CÉCILE: Então, se faz silêncio. Silêncio na vida de Lou.

OS RIACHOS: Vem. E toque. E toque. E beba. E prove. E sinta. E viva.

Tempo.

JULIEN: E durante este silêncio, que era a própria língua da terra, grave, solene, Alberto estuprou o menino.

DIVINE: "Ai, ai! Essa lembrança me faz um bem!", pensa Divine. Quando a infância voltava para ela, sempre retornava um pouco rudimentar. Como se Alberto a tivesse contaminado.

Longo tempo.

DIVINE: Divine sabe que agora é o grande momento de sair de sua depressão. "Ao mesmo tempo, eu estou bem com o presente!"

ARTHUR: Houve mais um atentado em Bruxelas, trinta e um mortos.

DIVINE: Ela fuma. "Pela primeira vez, eu me encontro com a minha época!" Ela ri. Mas, no fundo de si, ela não ri. Ela acha isso terrível. "E não deixe que uma bomba caia sobre Mignon." Ela não suportaria. "Se ele quisesse estar em Bruxelas." Ela fuma. "Sobretudo agora que ele está com sua prostituta." Ela fuma. "Ou sim. Faça-os explodir, os dois. Ué?" Ela dá uma olhada para o caso de Mignon ter lhe deixado uma mensagem. Vai quê. "Ah, claro que não."

ARTHUR: *Ao menos trinta e um mortos e mais de duzentos feridos.*

DIVINE: Divine suspira. Ela não sabe muito bem a qual lembrança se apegar.

Tempo.

DIVINE: E mais tarde, séria, em sua cama: "Eu sou um patife. Alberto é um patife. E eu também. Eu sou como ele. Nós somos. A gente não vale nada. Eu sou o cigano. Eu sou seus golpes baixos. Eu sou covarde. Você é covarde. E essa covardia nos constitui."

JULIEN: Cédric não entende muito bem como Lou pode amar Alberto. Como ele pensa, ele diz:

CÉDRIC: Ao mesmo tempo, não tem nada de mau amar um estrangeiro. Um cigano. Os ciganos precisam ser amados.

JULIEN: Então, ele se acha um pouco repugnante por ter tais pensamentos.

Tempo.

JULIEN: Cédric lê o livro:

CÉDRIC: "*Lou amou Alberto por sua covardia*", p. 327. É um valor supremo, a covardia?

JULIEN: Cédric, porém, amava a ideia de ser um herói. Um bravo. Um guerreiro.

CÉDRIC: Os heróis são importantes.

ARTHUR: Mas quem pode ser chamado de herói hoje?

CÉDRIC: Cédric pensa naqueles caras que se explodem. Eles são assassinos? Mártires?

ARTHUR: Idiotas?

7. SAINT-ÉTIENNE, O APARTAMENTO, 2016.

JULIEN: Cédric pensa na imagem de Nossa Senhora.

CÉDRIC: No Livro, Genet se inspirou em um assassino verdadeiro para criar Nossa Senhora.

JULIEN: O jovem Maurice Pilorge.

Zoom no retrato de Pilorge.

CÉDRIC: Cédric sabia que agora era necessário procurar um Nossa Senhora contemporâneo: fazê-lo saltar do Livro. "Quem seria ele, o assassino dos anos 2020? Onde ele estaria?"

Os atores, Saint-Étienne, sala de ensaios, 2016.

JULIEN: Arthur perdeu o livro *Nossa Senhora das Flores*. Ele levou uma eternidade para lê-lo.

CÉDRIC: Ele não entendeu nada.

ARTHUR: Isso deixa Cédric completamente louco.

JULIEN: Arthur não tem muito a ver com a obra. O que importa para ele é a vida real. Ele gostaria de levar uma vida de bandidinho como Nossa Senhora. Mas, no fundo, ele é um menino mal-arrumado. É só um ator. Às vezes, ele passa as noites dormindo no mato. Completamente fodido.

ARTHUR: Isso faz ele cair na risada.

JULIEN: Na verdade, ele é mais Keanu Reeves que River Phoenix. *Garotos de programa*, você já viu? Ele não vai morrer de overdose na floresta.

ARTHUR: Mais uma coisa. Mesmo que ele não tenha lido completamente o livro, e mesmo que seja modesto, a vida e a morte desse menino o tocam...

CÉCILE: (Ele leu apenas as passagens em que está envolvido.)

ARTHUR: Primeiro a descrição. Ela corresponde superbem: "*Altura 1,71m, peso 71kg, rosto oval, cabelos loiros, olhos azuis, pele morena clara, dentes perfeitos, nariz retilíneo*", p.17.

CÉDRIC: É ele.

JULIEN: Com exceção dos dentes. Arthur diz:

ARTHUR: É todo eu!

JULIEN: E então ele ri. Seus dentes estão brilhando. E seus dentes imperfeitos, seus dentes que vocês não deixarão de reparar, a gente só vê isso, esses dentes, que fazem dele um rosto engraçado, cravam-se imediatamente nas panturrilhas de Divine. E foi assim que ele a agarrou.

CÉDRIC: De resto, ele tem realmente tudo do garoto sobre o qual falamos: "A gente lhe daria tudo, até Deus sem confissão", e imediatamente suspeitaríamos dele em qualquer crime, de Nossa Senhora. Pois é dele, enfim, que Arthur gostaria de falar – ele não era sedento como Divine, encontrando sempre

	um pretexto para falar dela, para trazê-la de volta, para se meter no centro de tudo...
ERNESTINE:	O que é que eu dizia?!
CÉDRIC:	Diz Ernestine que bem queria fazer o mesmo...
ERNESTINE:	Mas eu não tive sorte na vida!
CÉDRIC:	... Arthur queria sumir nesse personagem, e talvez não compreendesse algo sobre ele, nem sequer pensava – mas é algo do mundo. Eu digo tudo isso de Arthur, e o faço, sem dúvida, bem mais idiota do que ele é, porque se baseia em Nossa Senhora, esse cretino limitado, é assim que o amo, até que, pensando em Nossa Senhora, você pense em Arthur, e, pensando em Arthur, você pense em Nossa Senhora.

8. ALGUM LUGAR ENTRE A CASA DO VELHO DO LIVRO E 2016.

O crime.

CÉDRIC:	Foi assim que tudo tinha começado:
NOSSA SENHORA:	Eu precisei do dinheiro!
ARTHUR:	Diz Nossa Senhora. Disseram-lhe para dizer isso. Mas, na verdade, não foi a necessidade de dinheiro que o tinha feito entrar na casa do velho.
O VELHO:	Era o velho mesmo.

ARTHUR: A porta estava entreaberta, e ele era um bom velho.

O VELHO: Um velho que tinha lutado na guerra.

ARTHUR: E isso tinha impressionado pra caramba Nossa Senhora. Ele tinha oferecido uma pera. E os dois tinham descido à adega:

O VELHO: Este é o meu canto!

ARTHUR: O velho tinha lhe mostrado armas. (Havia também fotos de mulheres nuas nas paredes:

O VELHO: Mas não fale sobre isso, hein!)

Ele ri.

ARTHUR: Em seguida, o velho começara a sufocar naquela adega. Ele tinha dito:

O VELHO: A gente sufoca nesta adega.

ARTHUR: Ele lhe mostrara seu pescoço. Ele lhe mostrara bem seu pescoço. Seu pescoço vermelho ali. Seu pescoço de velho

O VELHO: Fácil!

ARTHUR: Ele deixou bem claro que queria sair:

O VELHO: Subir. Se libertar.

ARTHUR: Virar também um anjo.

O VELHO: E encontrar virgens no céu, por que não?

Ele ri.

ARTHUR:	Nossa Senhora olhou para o velho. E o achou realmente muito, muito velho. Com olhos transparentes.

Tempo de desconforto entre Nossa Senhora e o velho.

O VELHO:	E esta é uma foto da minha filha! Ela está morta!
ARTHUR:	Nossa Senhora não soube o que fazer com esta informação.
CÉDRIC:	Em geral, as informações não lhe chegavam tanto ao cérebro, assim como acontece com vocês.
ARTHUR:	Por certo, ficou comovido com esse velho? Quis mesmo devolvê-lo à sua filha, talvez? Ele estrangulou. E estrangulou. E estrangulou "*até que o velho não pudesse mais nada!*", p. 335.

9. SAINT-ÉTIENNE, O APARTAMENTO, 2016.

Diálogo entre Cédric e Julien, 1.

JULIEN:	O que é isso? Você tá lendo o quê?
CÉDRIC:	Nada. Um artigo de Genet sobre a organização terrorista alemã Fração do Exército Vermelho.
JULIEN:	Hum.
CÉDRIC:	Genet defende a organização: "*A violência do Baader-Meinhof responde à brutalidade da burguesia branca.*"

Tempo.

JULIEN: Você acha que o velho representa a burguesia branca?

Cédric fica imóvel.

JULIEN: Parece mais um velho da classe trabalhadora. Com os cartazes lá. A filha morta.

Ele ri.

JULIEN: Parece seu vô!

Ele ri. Ri. Ri.
Tempo.

CÉDRIC: Você não acha que chega uma hora em que Arthur é terrivelmente brutal?

Julien ri.

CÉDRIC: Ele lê coisas suspeitas.

Julien ri.

CÉDRIC: Ele é fascinado pelos terroristas assassinos do padre Hamel.

Julien ri.

JULIEN: Quem?!

CÉDRIC: Aquele velho padre de Saint-Étienne-du-Rouvray, que foi assassinado.

Julien ri.

JULIEN: Você tem medo do seu avô?

Ele ri. Ri. Ri.

CÉDRIC: Cédric toma nota: "E se Nossa Senhora vivesse agora entre nós? O que ele nos faria?" [*Tempo.*] "O que seríamos capazes de fazer por nós?"

10. ALGUM LUGAR ENTRE A SARJETA NO LIVRO E SAINT-ÉTIENNE, A SALA DE ENSAIOS, 2016.

As Tias.

MIMOSA: Não, mas você não pode comparar Nossa Senhora aos terroristas!

LA GINETTE: O quê?!

MIMOSA: Nossa Senhora é criminoso por acidente!

LA GINETTE: O que é que ela está falando?!

MIMOSA: Ou pela beleza.

CASTAGNETTE: Como *pela beleza*?

LA GINETTE: DIVINE TEM UMA HISTÓRIA COM NOSSA SENHORA??!

MIMOSA: Não se brinca com o Livro!

LA GINETTE: O que é que ela está falando?

MIMOSA: Há uma Lei no Livro!

LA GINETTE: Que Livro é esse?

MIMOSA: Senão é blasfêmia!

ANGELA: Você é nova aqui?

MIMOSA: Blasfêmia, é blasfêmia! [*Mimosa chora.*]

CASTAGNETTE: Ah! Não chora, Mimosa!

MIMOSA: Mas vocês não respeitam nada do Livro! [*Ela chora.*] Vocês interpretam de qualquer jeito! Vocês não entendem nada! Nada! Nada!

Mimosa chora.

ANGELA: Na minha opinião, Mimosa tem razão.

MIMOSA: MAS NÃO É NADA DISSO! VOCÊ NÃO ENTENDE NADA! NADA! NADA!

CASTAGNETTE: De onde você tira que a gente sabe o que Nossa Senhora é para nós e o que ele nos faz? A gente jamais vai saber. Mesmo o Livro não sabe. Por que o Livro saberia?

LA GINETTE: Eu também, sou mais como Castagnette.

MIMOSA: PRONTO! TODO MUNDO ESTÁ CONTRA MIM!! [*Tempo.*] ENTÃO, QUEM É QUE ACHOU O LIVRO PRIMEIRO?!!!! [*Tempo.*] SE É ASSIM, EU VOU EMBORA DESTA SARJETA!

CASTAGNETTE: Isso, desaquenda, você enche o nosso saco.

COMMUNION: Deixa. Ela vai voltar de qualquer jeito. Está chateada porque nós quase não a notamos.

CASTAGNETTE: Morre, cadela. Eu detesto ela. [*Tempo.*] A gente fica melhor sem a Mimosa.

LA GINETTE: É.

Tempo.

CASTAGNETTE: É.

Tempo.

CASTAGNETTE: Que puta.

Tempo.

ANGELA: Não, mas Nossa Senhora, ele ainda leva o título do Livro.

MIMOSA: Justamente! Ele não é um herói como de praxe! É um herói que não faz nada! Exceto os seus crimes de merda! Crimes gratuitos que a gente nem sequer percebe pela beleza do crime. Ele não tem nem ideologia na cuca. Não tem nada. Ele não tem nada na cabeça e é isso que é bonito. Ele é guiado pelo nada. O vazio. É o nada que o carrega.

Tempo.

CASTAGNETTE: Também acho muito estúpido que Nossa Senhora seja um estúpido. O que isso quer dizer?

MIMOSA: ESTÁ NO LIVRO!!!!

CASTAGNETTE: O QUE É QUE IMPORTA?! ELE ESTÁ MORTO, O GENET! VAMOS FAZER O QUE A GENTE QUISER!

Tempo.

MONIQUE: Você me dá uma fungada?

COMMUNION: Eu te dou uma fungada.

ANGELA: Ei, ei! As senhoras não vão viver uma história de amor entre putas, né?!!

Todas elas releem o livro.

LA GINETTE: Na minha opinião, a criminosa é Divine.

DIVINE: Divine?! Ela gostaria muito, mas não pode. Ela nunca consegue chegar ao crime. [*Tempo.*] Ela deixa o crime dos outros acontecer.

COMMUNION:	Ela é como todas nós, né?
CASTAGNETTE:	Como *nós*? Como assim?
COMMUNION:	A gente deixa o crime acontecer.
CASTAGNETTE:	Ah, tá bom! Você está me passando sermão, é?!
LA GINETTE:	Está frio, não está?
MONIQUE:	O que me inquieta é a *capacidade de resiliência dos franceses*. Vamos ser esmagados.
LA GINETTE:	Está frio!
COMMUNION:	Sinceramente, que em 2020 a gente seja puta na internet. Pelo menos, passaremos menos frio.

11. ALGUM LUGAR ENTRE O TABERNÁCULO DO LIVRO E SAINT-ÉTIENNE, A SALA DE ENSAIOS, 2016.

JULIEN:	Nossa Senhora é meio imbecil. Meio lesado, como se diz. O que ele fez, Divine não sabe muito bem. Ela só sabe que ele poderia fazer o que fez.
DIVINE:	Isso é o suficiente para fazer o coração dela bater.
JULIEN:	Ela ama seu passado de bandido:
DIVINE:	Ele tem um passado de bandido!
DIVINE:	Que cruz é essa?
NOSSA SENHORA:	Aqui? É um amigo que fez pra mim na prisão.

DIVINE: Você esteve na prisão?

NOSSA SENHORA: É.

DIVINE: *É?*

NOSSA SENHORA: Assim mesmo.

DIVINE: Como assim, *assim mesmo?*

NOSSA SENHORA: Nossa Senhora fica um pouco confuso.

DIVINE: Combina bem com Divine.

NOSSA SENHORA: Ela prefere não saber muito.

DIVINE: Ela diz: "O assunto aqui não é o que você faz."

NOSSA SENHORA: Ela vai dizer ao juiz mais tarde:

DIVINE: O assunto aqui não é o que ele faz.

NOSSA SENHORA: O assunto são seus olhos.

DIVINE: Suas mãos que a agarram.

NOSSA SENHORA: Seu pau.

DIVINE: Ela se pergunta se isso vai acontecer. Ela diz para si: "Estou me matando com esse cara. Uma espécie de suicídio social."

NOSSA SENHORA: E vai saber o porquê, isso excita ela.

DIVINE: "Ele é, talvez, perigoso?" Ela tem medo que ele vá para a Síria e a deixe. Ele sempre faz planos. Pode ser que sim. De qualquer modo, Divine não gosta de falar de política. Ainda assim, fica bonito quando ele fala sobre o assunto. Um monumento, Nossa Senhora.

Divine gostaria de torná-lo um monumento para a sala de estar. E estimá-lo. E depositar flores em tudo ao redor. Como se fez pelos mortos do Bataclan. Ela achou belíssimo aquele memorial. Ela adoraria colocar em volta de Nossa Senhora flores, velas, pequenas palavras com erros ortográficos. Ela acha que Nossa Senhora é a encarnação da liberdade de expressão.

NOSSA SENHORA: Quando eu te fodo, é a França que eu fodo.

DIVINE: (Ele devia ter lido a frase em um site paramilitar.)

Divine ficava encantada em ser toda a França. Ela tinha crescido na França. Em Alligny-en-Morvan. Ela amava tudo da França. As igrejas. As subprefeituras. O lema sobrescrito na fachada das escolas. Ela amava a França profundamente. Profundamente a França profunda. Ela amava as vinhas. Os bosques. O celeiro de sua primeira vez. Ela amava os caminhos de ferro franceses. Os banheiros do trem. Ela sentia tanta emoção nos banheiros. Ela tinha percorrido tudo na França. Ela amava a parte das estradas. As praias do cabo d'Agde. As zonas dos pomares. Ela tinha amado as saunas de Berck-sur-Mer. De Anglet. De Montpellier. Ela amava a festa de 14 de julho. Ela tinha visto uma grande queima de fogos de artifício em Saint-Sébastien. Ela amara todos aqueles rostos voltados para o céu. No meio dos velhos e das crianças. Os outros não a incomodavam. Não a incomodava a França. Era ela quem incomodava.

12. SAINT-ÉTIENNE, O APARTAMENTO, 2016.

Cédric navega demoradamente em sites salafistas.

Diálogo entre Cédric e Julien, 2.

JULIEN: Você não acha que a peça está tomando um rumo esquisito?

ARTHUR: Julien está um pouco inquieto. Cédric está totalmente perdido nesse momento.

JULIEN: Esses sites, isso te vira a cabeça. Para. A gente vai ser condenado por apologia ao terrorismo, imagina a nossa cara. Você pode, no lugar disso, contar a doce vida das bichas de hoje?

CÉDRIC: Não. Isso não me diz nada.

JULIEN: Você não quer, além de tudo, colocar Abdeslam no papel de Nossa Senhora? Você quer enfeitá-lo com flores também?

CÉDRIC: Não sei. Abdeslam não nos dá medo?

Tempo.

JULIEN: Sim. Ele nos dá medo.

CÉDRIC: Bem, eu tento apenas compreender nossos medos.

JULIEN: E você acha que vai compreender seu medo chupando Abdeslam e dando o rabo para ele?

CÉDRIC:	Não sei. Eu tento. Me deixa trabalhar. Em todo caso, eu não o compreendo tratando ele, de cara, como inimigo declarado.
ARTHUR:	Julien se sente mal. Ele tem medo de Cédric no apartamento. Ele tem medo que Cédric o bote contra a parede e parta o seu crânio com o vaso de cristal do casamento. Isso o enche de medo. Ele não quis esse vaso.
JULIEN:	Isso toma, verdadeiramente, uma forma assustadora.
ARTHUR:	Ele tem dor na barriga só de pensar. Ele quer Doll. Ele quer acarinhar Doll. Ele queria dizer:
JULIEN:	Você não me dá conforto nenhum. Você me inquieta.
ARTHUR:	Julien tem medo, medo, medo.
JULIEN:	Mas Cédric navega sem parar na internet. Ele acaricia lentamente a boca dos assassinos. Abdeslam. Seus primos. Está cheio de imagens.

13. ALGUM LUGAR ENTRE ALLIGNY-EN-MORVAN, A CASA DE ARDÓSIA NO LIVRO E A SALA DE ENSAIOS, SAINT-ÉTIENNE, 2016.

Lou e Ernestine na cozinha.

JULIEN:	Lou estava ali quando ela salgava a sopa:
ERNESTINE:	O que você está fazendo no meu caminho?!
JULIEN:	Ele estava lá quando ela dava telefonemas importantes:

ERNESTINE: Estou recebendo telefonemas importantes.

JULIEN: Ela se trancava à chave no quarto. Ele vinha grudar na porta. [*Tempo.*] Uma vez, ele pediu um violino de Natal para ela.

ERNESTINE: Um *violino*!

SABINE: Ernestine soltara o saleiro na sopa:

ERNESTINE: *Malvado!*

JULIEN: Aí está a palavra.

LOU: Lou era malvado.

ERNESTINE: E, além disso, ladrão!

JULIEN: Ela o surpreendeu várias vezes com a mão na massa.

SABINE: Uma vez, ele roubara na escola. Ele tinha rasgado as páginas de *Flores do mal* e roubado. Como é que não tem vergonha?

LOU: Às vezes, ele tentava se interessar por ela. Ele tinha lhe oferecido um poema no dia das mães.

Tem mais flores
Para mamãe no meu coração
Que no mundo inteiro
Mais melros risonhos
Para mamãe no meu coração
Que em todos os pomares
E bem mais beijos
Para mamãe no meu coração
Do que se poderia dar
Maurice Carême

SABINE: Ela tinha rangido:

ERNESTINE: "Não é meu!" Eu vou lhe dizer: "Você não é meu!"

SABINE: Mas ela tinha falado:

ERNESTINE: Bravo, meu querido.

LOU: Lou encontrara seu poema na lata amarela do lixo reciclável.

ERNESTINE: De qualquer modo, a gente não tem nada em comum.

SABINE: Ernestine não tinha nada em comum com Lou.

ERNESTINE: Nada! Nada!

SABINE: Ele não via nunca o que ela via. Ele estava sempre no caminho ou fuçando nos seus livros:

ERNESTINE: Nunca onde deveria estar!

SABINE: Ela o atormentava com a escova da privada:

ERNESTINE: O que você faz enfiado nesses livros?!

SABINE: Ela tinha vontade de esmagá-lo com os livros.

ERNESTINE: Uma flor seca. É nisso que você vai acabar se transformando: numa velha flor seca!

SABINE: Ela ria.

LOU: Uma vez ela tinha dito:

ERNESTINE: Sabe, o problema mesmo não é o violino. O problema é você.

LOU: Ela tinha gritado: "Você me incomoda!"

SABINE: E à parte:

ERNESTINE: Bichinha.

SABINE: Hoje, ele ainda fizera uma bela escrotice. O que ele tinha feito, Ernestine não pode sequer formular pra vocês, tão grande foi sua vergonha. Por outro lado, ela tinha as imagens na cabeça. E de noite elas lhe vinham. O cu do seu filho lhe vinha à cabeça. Seu cu e o uso que ele faz dele:

ERNESTINE: Eu vou te jogar do telhado.

SABINE: Ernestine chorava de raiva por não poder matar seu filho, pois Lou não era do tipo que se poderia matar (a gente estava na França). E ele ainda tinha covinhas no rosto.

ERNESTINE: Bichinha. Viadinho. Mulherzinha.

SABINE: Ernestine queria dar seu filho inteiro:

ERNESTINE: Grátis! Eu dou ele para vocês.

JULIEN: A vida de Ernestine estava orientada por três pensamentos: 1. A fantasia da morte de Lou...

SABINE: ... (e como ela poderia obtê-la).

JULIEN: 2. A fantasia do enterro de Lou...

SABINE: ... (um luto feito "*de crepe*", p. 24).

JULIEN: 3. Sua vida após a morte e o enterro de Lou...

SABINE: ... (e tudo o que ela poderia fazer).

JULIEN: Ela desenvolveu a cena 3...

SABINE: ... (em mímica).

Ernestine e todas as belas coisas que ela faz na vida (inclusive as coisas úteis para ela mesma e para os outros).

LOU:	De tudo isso, Ernestine não deixava transparecer nada. Ela educava Lou como se o amasse.
SABINE:	Ela lavava seu cabelinho ralo. Ela lia histórias. Histórias que ela gostava. Ela acreditou que acabaria por amá-lo, à força dos gestos delicados.
LOU:	Ela lhe emprestou seus vestidos.
SABINE:	Ela o achou bonita. E meteu presilhas de cabelo. E riram as duas. E a fez rodar. E como sua filha rodava bem. E como ela era engraçada, com seus bracinhos:
ERNESTINE:	Como você é graciosa!
LOU:	E Lou rodava de vestidinho. E havia, então, tanto de divino na casa. E isso não era nada, apenas um vestido! "Põe um pouco de *rouge* nas bochechas!"
SABINE:	Ernestine passava um pouco de batom nos lábios de Lou. E Lou gostava. No espelho. Toda brilhante. Ela ria! Ernestine pensava então:
ERNESTINE:	Eu te amo. Eu te amo, minha filha.
SABINE:	Elas se olhavam no espelho juntas:
ERNESTINE:	Vem! A gente vai se olhar no espelho.
SABINE:	Elas se achavam lindas no espelho, as duas:
LOU:	Você é linda, mamãe.

ERNESTINE:	Não. Você que é linda, Lou.
LOU:	Você, mamãe.
ERNESTINE:	Nós duas. Somos lindas, as duas.
SABINE:	E elas rodavam no banheiro se achando lindas, as duas.
LOU:	E Lou esperava que Deus a visse. Que Deus a visse assim. Como ela era.
SABINE:	E Lou colhia flores para a mamãe. Elas metiam as flores nos cabelos uma da outra:
ERNESTINE:	Pronto. Assim.
SABINE:	Elas assistiam aos folhetins: *Dallas. Santa Barbara. Angélica, Marquesa dos Anjos.*
JULIEN:	Um dia, um vizinho tinha entrado na sala sem avisar.
ERNESTINE:	Eu estou toda descoberta!
SABINE:	E Ernestine se via odiando Lou com muita paciência. Ela tinha pego o vestido vermelho. Ela dissera:
ERNESTINE:	Esse vestido, você vai dar.
SABINE:	E foi como se ela tivesse dito:
ERNESTINE:	Isso que nós vivemos nunca existiu. Não é nem mesmo um segredo. Nem um jogo. Não é nada.
SABINE:	Havia na cidade um doido. Foi o jovem doido que pegou o vestido.
LOU:	Um estúpido.

14. ALGUM LUGAR ENTRE O SÓTÃO NO LIVRO E SAINT-ÉTIENNE, O APARTAMENTO, 2016.

DIVINE: Uma mulher
Uma mulher
Uma mulher
Uma mulher
Uma mulher
Como eu
Isso lhes causa o quê?
Uma mulher
Uma mulher
Uma mulher
Uma mulher
Como eu

ARTHUR: Divine era ligeiramente enojada com as mulheres. Uma vez, ela tinha visto leite sair do seio de uma mulher de verdade. Esse jato adocicado a tinha enojado:

DIVINE: Ecaaaaa!

JULIEN: Cédric, na vida real, tinha gosto pelas mulheres.

CÉDRIC: Eu sou bi!

JULIEN: Pensava ele. Ele tinha até transado com uma mulher...

CÉDRIC: ... uma vez.

ARTHUR: Divine, não. Era bloqueada. De qualquer forma, ela não as via jamais.

DIVINE: Isso não existe na minha história! Sai fora! A gente está melhor entre nós!

ARTHUR: Da vida de Cédric, ela aceitava Doll. As outras, ela nem queria ver:

DIVINE: Está amarrado! Isso não entra! Vocês não entram! Vocês não entram na minha história, está claro?!

Algum lugar entre Alligny-en-Morvan, a casa de ardósia no Livro e a sala de ensaios, 2016.

JULIEN: Quando ele era pequeno, entretanto, Divine, que nós chamaremos de Lou, tinha ficado muito apaixonado por uma menininha.

CÉCILE: Solange.

Aparição de Solange.

JULIEN: Ele tinha, a princípio, ficado assombrado com o seu nome:

LOU: "Solange. Solange". Ele pensava: "Ela tem um anjo por dentro".

JULIEN: Aquilo o encantava.

CÉCILE: E ele corria com Solange pelas trilhas.

LOU: Solange, minha pequena Pitonisa.

À beira de um penhasco. Manhã. Vertigem. Ação.

SOLANGE: Alguém vai morrer aqui. [*Tempo.*] Alguém vai se jogar deste penhasco.

LOU: Será que sou eu? Ou *nós*, talvez? Será que você não quer que sejamos nós?

Tempo.

SOLANGE: [*intensa*] Não. Não somos nós.

Tempo.

SOLANGE: É alguém que está em nós, mas de jeito nenhum nós.

Tempo.

JULIEN: Lou sentiu que ele não era o único a produzir ficções. Pior, ele sentiu que Solange conseguia fantasiar outros seres nela mesma.

Tempo.

CÉDRIC: Vocês não acham que seria melhor cortar Solange?

CÉCILE: ...

CÉDRIC: Não, mas Solange não é nada no romance. Ela não é nada para Lou. Nada de nada.

CÉCILE: Como *nada de nada*?

CÉDRIC: Ela está em duas páginas.

Tempo.

CÉCILE: Solange é a chave. Ela dá a chave de tudo. Ela dá a Lou seu primeiro beijo. Ela cria a vida em todos os lugares. Nos lagos. Nas rochas. *Nas mesas de acaju.* Ela quebra o espaço e o tempo. Ela te desbloqueia. Você não vê que ela te desbloqueia?! Isso me mata. Uma garota maravilhosa te desbloqueia e você a nega.

Tempo.

JULIEN: Não é isso.

CÉCILE: É o quê?

JULIEN: É o tempo, Cécile. A gente estabeleceu 2h20 no programa.

CÉCILE: Ok. É o tempo que decide. Eu anoto: Julien, 4 de novembro de 2016: "É o tempo que decide cortar a palavra das mulheres."

15. SAINT-ÉTIENNE, O APARTAMENTO, 2016.

Diálogo entre Julien e Cédric, 3

JULIEN: Você ama ou detesta Genet?

CÉDRIC: Genet? Ele fala como ninguém.

JULIEN: E o quê?

CÉDRIC: Isso me enfeitiça. [*Tempo.*] E isso me faz chorar.

Tempo.

JULIEN: E eu, ainda te faço chorar desse jeito?

Tempo.

JULIEN: E Divine? Você a ama?

CÉDRIC: Eu a amo.

JULIEN: E Lou? Você o ama?

CÉDRIC: Eu também o amo.

JULIEN: E Ernestine?

CÉDRIC: Não muito.

JULIEN: Você ama todos os personagens, exceto os femininos?

CÉDRIC: … Não, mas, no início, eu gostava de Solange. E depois ela me enjoou.

JULIEN: E Mignon, você o ama?

CÉDRIC: O que você acha?

JULIEN: E Nossa Senhora?

CÉDRIC: Estou com fome! A gente vai sair?

JULIEN: Vamos! Vamos sair.

CÉDRIC: Aonde a gente vai? A um lugar babadeiro ou não babadeiro?

JULIEN: Tanto faz.

16. ALGUM LUGAR ENTRE O TABERNÁCULO, EM PARIS, NO LIVRO, E O TABERNÁCULO, EM CLERMONT, 2016.

Gorgui ao microfone.

GORGUI: Nem um homem
Nem uma mulher
Nem um homem
Nem uma mulher
Nem sei mais quem
(quem mais)
Quem mais?
Quem mais?
Quem mais?
Quem mais além de mim?

Nem um homem
Nem uma mulher
Nem sei mais quem
Nem um homem
Nem uma mulher
Nem sei mais quem
(quem mais)
Quem mais?
Quem mais?
Quem mais?
Quem mais além de você
Nos meus braços?

Isso lhe causa o quê?
Isso lhe causa o quê?
Isso lhe causa o quê?

LA GINETTE: Divine está com Gorgui?

MONIQUE: Quem é *Gorgui*?

MIMOSA:	Ele aparece na página 190 pela primeira vez!
LA GINETTE:	Tem certeza?
MIMOSA:	É "*o mais belo preto que Genet jamais tinha visto*".
ANGELA:	Ele escreveu assim? "O preto"?
MIMOSA:	Toma! Aqui: "*Seck Gorgui, eu o quero belo, nervoso e vulgar! Seu nascimento longínquo, suas danças da noite, seu crime, enfim, eram os elementos que o envolviam de poesia.*"

Tempo.

Gorgui abraça Nossa Senhora.

COMMUNION:	Você viu como elas se encaixam!
LA GINETTE:	Divine deve estar doida!
AS TIAS:	Coitada!
COMMUNION:	Desde que ela não veja nada!
AS TIAS:	Coitada! Coitada!
MIMOSA:	Pobre Divine!

As Tias riem.

DIVINE:	E eles estão ali, no fundo da sala!

Divine sofre.

DIVINE:	E eles rodam! E eles dançam!

MIMOSA:	Tudo bem, Divine?
MONIQUE:	Diz Mimosa
DIVINE:	– e para não responder, não pensar neles...
NOSSA SENHORA:	... no Negro Gorgui...
GORGUI:	... nas coxas nodosas de Gorgui contra o corpo macio de Nossa Senhora,
NOSSA SENHORA:	... na mancha úmida...
DIVINE:	... a mancha que virá! – Divine pensa nisso (e vibra), Divine ajeita os cabelos, olha um pouco seu iPhone, talvez um pouco para fazer a louca, e, sobretudo, para esquecer que eles não a quiseram essa noite – que raiva! E para guardar, sem dúvida, uma aparência de dignidade, saber onde enfiar seu corpo, seu olhar, Divine, bêbada, esgotada, se sentindo velha, encontrou refúgio nas notícias: ela se sentou na privada e se meteu a mexer no seu iPhone e, para não esquecer o pau duro de Nossa Senhora – a melhor coisa! –, mas o esquecimento de Nossa Senhora por ela ("Cruel! Cruel!!!"), digitou: "*Perseguição dos gays na Síria*", e leu como destaque, num vídeo postado pela Daesh: "*Quando dois homens montam um sobre o outro, o trono de Deus treme.*" E esse título chamou a sua atenção, a fez literalmente partir: *Quando dois homens montam um sobre o outro, o trono de Deus treme!*," releu para ela mesma, "*O trono de Deus treme. Ooooooh!*" – e no tempo do tremor do trono, Divine esqueceu o tremor dos lábios de Nossa Senhora sob as palmas das mãos de Seck Gorgui

MIMOSA: Tudo bem?

MONIQUE: Diz à porta Mimosa III

DIVINE: ... e percorreu com os dedos a tela do smartphone: "*Homossexualidade / Síria / Castigo*", ela leu "*A homossexualidade é considerada um grande pecado no Alcorão*", ela pensou "Sim, mas na Bíblia também!" e, depois disso, pensou no que ela tinha ouvido vagamente falar nas notícias, "*Na Síria, o Estado Islâmico joga os jovens gays do alto dos telhados*", ela não havia prestado suficientemente atenção; "*vendam-lhes os olhos e depois os jogam! A multidão os apedreja!*", ali, no meio do passeio.

NOSSA SENHORA: ... com seu Nossa Senhora enfiado dentro das coxas de Gorgui.

DIVINE: "Meu Deus!!", ela tinha vontade de ver esses jovens homens empurrados, caindo pela janela no *país dos esplendores* – "Esses jovens homens jogados pela janela porque eles davam o cu! E, porque eles davam o cu, eles deveriam morrer! É isso! É isso!" Compreendeu Divine. "DAR O CU! O QUE É DAR O CU?!"

MIMOSA: Tudo bem?

MONIQUE: Diz Mimosa IV

DIVINE: ... e Divine quis ver ainda, e ainda, aqueles cus que voavam, aqueles cus suspensos no céu, ela digitou assim na tela: "*Homens que caem*", ela não sabia muito bem como formular, ela pensou em "*cambalhota*", e isso lhe pareceu inapropriado, "Anjos caídos!", disse para si, mesmo que isso fosse um pouco *too much*, e já usado ("Genet roubou de mim!"): "'Meus flocos!' É assim que vou chamá-los: 'Meus flocos!'" É preciso dizer que era inverno e que nevava.

DIVINE: Eles caíram
Quando eu tomava café
Eles cairão
Como caem os flocos
Na terra, as crianças riem:
"Que engraçado, você viu, mamãe, os homens,
Os homens-confetes, rodopiam"
Eles caíram
Quando eu amarrava meus cadarços
Cairão eles
Nas nossas vidas tranquilas
Para um pouco inquietar
Nossos cafés
Mornos?
Na terra, as mamães gritam: "Vem!
Você vê, meu filho, esses homens
Derretem como flocos
Não é nada."

DIVINE: "Eles vão me ajudar a me elevar!" Ela teve essa iluminação: "Esses aí que caem, eles vão me elevar!"

MIMOSA: E como ela tinha urgência de ser alta, do nada! Decidida, ela saiu do banheiro:

DIVINE: "Divina do Divino!" Pensou ela, um *frisson* nos quadris, no corpo, na fumaça, no suor, ela passou vaporosa: "E, pronto, eu pego o microfone! Sensual, minha linda, é o seu momento!"

AS TIAS: Ooooooh!

MIMOSA:	Murmúrios na boate: "É Divine, a Divina!"
COMMUNION:	É ela!
LA GINETTE:	É você, Divine, a Divina? A Divina de seu Mignon?
COMMUNION:	Meu Deus, como ela estava linda, linda, linda!
MIMOSA:	No microfone, pousou seus lábios, como gostava tanto de fazer:
DIVINE:	PORQUE É ISSO! A NOITE CAI NA SÍRIA! [*Tempo.*] A NOITE CAI SOBRE OS MAIS FRÁGEIS! [*Tempo.*] "EM RACCA, SÍRIA, OS HOMOSSEXUAIS SÃO EMPURRADOS DOS TELHADOS E APEDREJADOS POR UMA MULTIDÃO EUFÓRICA!" Está escrito isso! "A MULTIDÃO EUFÓRICA QUE REAGIA, INCLUSIVE AS CRIANÇAS, COMO SE ESTIVESSE EM UM CASAMENTO!" [*Tempo.*] Divine fez uma pausa e mediu o efeito produzido no seu ventre. A palavra "crianças" lhe causou no ventre uma coisa má. Ela se diz: "Eu vou gritar por eles (meus flocos!)!" Ela não olhou para Gorgui nem para Nossa Senhora: "Vocês, eu não olho para vocês, eu sinto vocês!" Ela diz: "Eu sinto vocês! E eu sou como Deus quando um homem monta sobre um outro homem" (ela pensou no verbo *montar* e tremeu): "EU TREMO!" E como ela estava orgulhosa, infinitamente orgulhosa e envaidecida de seu tremor ("Vocês viram como eu tremo?"), ela passou os dedos sobre a camada de delineador, lambeu o indicador preto e, depois, disse: "Não sou bela, enfeitada com a queda do mundo?!"

MIMOSA: E nesse exato momento, creiam vocês ou não, os homens caíram.

Um homem cai. Um homem cai.

DIVINE: E isso faz todo um cemitério.

Racca, Síria.

A caminhada de Divine.

DIVINE: Divine anda entre os corpos caídos. E ela os conhece, todos. Ou então, são amigos dos amigos. Conhece-se sempre alguém. Ela suspende os lençóis. E os rostos estão, por vezes, completamente deformados. Ela reconhece um leque. Crachás. Um isqueiro. "Eu conheço você! E você! Eu reconheço você!" Ela tem medo, Divine tem medo de ver Nossa Senhora e Gorgui na massa. Ela pensa: "Não! Eles, não!" E ela ficou contente de saber que eles estavam na boate de Clermont, fodendo, vivos, mesmo que ela estivesse um pouco chateada com eles, ciumenta que ela era, ciumenta, ciumenta, ela prosseguiu seu passeio e, para lhes dar um perfume de eternidade, ela os chamou: "Bambi. Coccinelle. Os trinta executados do Estado Islâmico. – Papai?" Ela reconheceu seu pai, ela que nunca tinha tido um pai, e é um homem que cai. E Julien, que ela amava tanto. E Guy, que não amava. E foi um esforço grande para que ela lhes acariciasse o rosto, mas ela o fez. Ela quis ser boa para eles. Ela queria ser boa de alma. Ela se sabia má e ela quis ser boa, e ela beijou assim a testa de Guy, que ela amava tão pouco. E, beijando-o, se viu amando-o. [*Tempo.*] Ela reconheceu seu filho, o que jamais teve. E isso, particularmente, a emocionou. Ela diz sobre ele: "Calçava um número grande como eu e tinha isso aqui de altura..." e é tudo que ela pôde dizer, veio uma onda de lágrimas, e ela sentiu, nesse momento preciso, que a Nossa Senhora tinha acabado de gozar ("Eu o tenho dentro de mim, esse menino! Eu te tenho! Eu te tenho!" Pensou ela, agressiva), mas ela quis manter a dignidade e diz para si: "Ele é o cu, eu sou a cara. E eu não caio! Não! Eu não caio!"

JULIEN: E tudo nela caía. O ranho do nariz sobre o vestido negro, bordado de azeviche, ela se arrependeu desta noite, ela se diz:

CÉDRIC/DIVINE: Mais uma noite que me faz envelhecer.

17. NO TABERNÁCULO DE CLERMONT, 2016.

Fifi, uma jovem travesti.

FIFI DO CALVÁRIO: Sentem-se! Fiquem à vontade! Fique à vontade, minha querida! Então, você quer saber de uma coisa, Cédric-e-Julien? É para o seu projeto? O projeto de vocês? Eu adoro projetos! Toda a minha vida é um projeto! Ele é o meu homem. [*Ela beija.*] Vocês querem o quê? Um Malibu? Isso é bebida de passiva! [*Ela ri.*] Instalem-se! Aqui! Instalem-se, hoje é Páscoa! [*Ela ri.*] O aniversário das irmãs?! Vocês conhecem? As drag queens que distribuem camisinhas com chifres que nem nos filmes de Louis de Funès?! Não?! [*Ela ri.*] Nem você? [*Ela ri.*]

As irmãs! As irmãs! Aqui estão as irmãs!

O que eu tenho na minha cesta?
Santo KY para piroca?
Santo Látex?
Laços vermelhos, vocês lembram?
Tomem! Tomem tomem! Tomem!

Elas estão aqui esta noite para vocês!
As irmãs!
Somos nós! Somos nós somos nós somos nós!
Capuz
Colarinho
São elas! São elas!
E depois, claro, o chifre
Temos todas o mesmo chifre!
E eu uso uma grande cruz porque eu sou muito religiosa

Nós não nos incomodamos de usar cruzes
A gente adora as bugigangas

Tomem! Tomem tomem! Tomem!
Quem não tem o seu doutor?!
Ah, não, isso não é um doutor!
Tomem! Tomem tomem! Tomem!

Em outros tempos, a gente usava as tripas do carneiro
E a bexiga de porco
Sacos de bexiga de cabra
Preservativos em papel de seda
De veludo
Ou de tecido oleado
Uma cobertura de tecido leve
Hoje, aqui está pra você uma variedade de camisinhas
Condoms – eu te dou em inglês
Preservativo bucal Amores ternos
Amores brutais
Não esqueçam a pequena proteção

Stay safe!
Stay safe, lovers!

Aqui está
À escolha
O king size
O muito largo
Tomem! Tomem tomem! O fosforescente
O fluorescente
O super-resistente
O texturizado
O nervurado e o perolado
O colorido

O aromatizado de chiclete
O de coca
Com gosto de bacon
Para homens circuncisados
O feminino:
Se a camisinha faz você broxar
Se é você que se faz penetrar... pense no preservativo feminino!
Ele pode ser colocado no início da noite, a gente pode utilizar o preservativo tamanho XXXXXL. Para o anal, retire simplesmente o anel interior!

Stay safe!
Stay safe, lovers!

Alegria!
Alegria multiuniversal! Omniversal!
Em todos os lugares da Terra
E para todas as criaturas
Nós estamos aqui para a promoção da alegria!
Promulding multiversal joy
Eu te falo em inglês americano!
Joy!
Joy!

Multiversal Joy!
Para a expiação da vergonha
Tomem! Tomem tomem!
Para a expiação da culpa estigmatizante
Joy! Joy!
Para a paz e o diálogo entre comunidades
A informação e a prevenção do HIV e das DSTs
O direito e o dever da memória
O que lhes convém não é tão mau
Tomem! Tomem tomem! Tomem!

Eu vou tratar aqui de um ponto super-rápido sobre a história das bibas. [*Ela se levanta e faz um barulho.*] Em 1981, a gente era ainda colocada na categoria das pragas da sociedade, no mesmo lugar da cólera e do alcoolismo, e, no espaço de trinta anos, um novo mito se criou: o mito da boa biba, exatamente como o mito do bom preto, veja você: y a bon Banania, y a bon biba,[2] mas com a condição de ter seu labrador, sua casa financiada, sua criança adotada e, sobretudo, não ter AIDS, [*ela ri*] – você é sorofóbico? Eu digo isso porque sobre a sorofobia a gente nem fala. Se a gente olha a AIDS na França, a gente sempre esconde os doentes, arruma eles num canto. Assim se cria um bocado de coisas arrumadinhas – e o armário está cheio [*ela ri*] – e eu, Fifi, meu nome é Fifi, Fifi do Calvário, eu digo: "Quando a vida te dá as costas, toca-lhe o cu!", é isso que eu sempre quis dizer, mesmo hoje, em 2016, um momento de tolerância é rapidamente passado, então é esse o porquê de eu querer contar essa história aqui, para você, que está na sala por um acaso, talvez

---

[2] O texto original utiliza a frase "*y'a bon Banania*", que faz menção ao personagem de publicidade *Y'a bon*, da marca de chocolate em pó *Banania*. O personagem, desenhado em 1915 por Giacomo de Andreis, é representado por um homem negro sorridente, com uma colher do achocolatado na mão. Ele se exprime sobre o produto em uma variante linguística em desacordo com a norma culta. Considerada uma publicidade racista, pois sugere a vinculação do personagem negro ao modo incorreto de falar o francês culto, a imagem desaparece da marca em 1967 e reaparece em 2005, suscitando reações de organizações de luta contra o preconceito. Em 2011, a imagem é retirada definitivamente de circulação após a vitória jurídica de um coletivo que reunia organizações das Antilhas, da Guiana Francesa e da Ilha da Reunião, ex-colônias francesas.

esteja somente um? Este será você, e eu te batizo Lou, em homenagem a Lou Culafroy. Esta noite, nossa história se passa num bar em Nova York, o Stonewall, nos States. Ambiente. E naquela noite, as bibas como você, pois na hora em que te falo, entre cadela e lobo [*ela ri*] você pressente que é uma biba, você também [*ela ri*], e talvez você também, no espaço de um instante, no escuro da sala [*ela ri*], eu desejo a vocês! [*Ela ri.*] O que é que eu dizia?

Imaginem: 1969. Greenwich Village

FIFI DO CALVÁRIO: Naquela noite
Noite do 28 de junho
Esquenta no Stonewall
Naquela época, fofinho
Pouquíssimos bares acolhiam as bichas
É proibido dançar homem com homem
E até mesmo nos servir bebidas alcoólicas
Eu te falo de um tempo antigo

O Stonewall não era um bar tranquilo
Era um verdadeiro inferninho
O pior da espécie
O bar desses que eram muitos jovens
Muito pobres
Ou muito too much
Como você
E eu
Puído
Barulhento
Paradisíaco
Não havia saída de emergência
As bebidas eram misturadas com água
E a higiene, desastrosa

Era, a gente dizia, o bar mais vulgar da cidade
Mas a pista de dança, a mais animada do país
A place where our souls could dance

O patrão é Tony
"Fat Tony" Lauria
No Stonewall, os proprietários são a Máfia
Cigarros
Contrabando
Cafetinagem
Chantagem
Corrupção
Para os policiais
Tráfico
Tráfico
Mas o Stonewall
É sobretudo o ponto de referência das trans
Jovens homens afeminados
Prostitutas
E jovens sem abrigo
Como você
E eu, fofinho

A gente paquera um pouco
A gente dança
A gente vive
É isso um ambiente

E naquela noite
O ambiente é quente
No 51-53 Christopher Street
Além disso, Judy Garland acabou de morrer
Nesta noite
Isso treme
Os tiras
Sob o comando do inspetor Pine
Eu não invento
Se infiltram no bar

Maquiados de drag queens
Eu não quero especialmente pegar os tiras
Mas naquela noite
Eles têm vontade de comer as bichas
"A biba é dócil"
Havia
No ar
Um perfume de pólvora
De tiros
E o espectro de Judy
Judy
Judy Garland
Quando os tiras começaram as revistas
Com os cassetetes
Ardentes
Elas se levantaram
Suntuosas
As Tias
As belezas
Sylvia Rivera
Uma drag queen
Se abriu
Através da porta
Suntuosa das suntuosas
Ela enterrou seu salto agulha
Na cara de um policial
Alguns dizem que ela furou o olho
Como saber
Eu não estava lá

O que é certo
É que a multidão pegou fogo
A novidade se espalhou
Como uma trilha de pólvora
Pólvora preta
Paetês
Pó dourado

E logo
Os tiras se encontraram com o pior do seu pesadelo:
Uma fileira de drag queens
Haha!
Braços dados
Que gritavam
A multidão começou a jogar moedas
"Here's for your pay, copper!"
Garrafas
Pedras
Parquímetro
E logo
GAY POWER!
A gente escutou esse grito
GAY POWER!
Que surge do fundo da sala de jogos
GAY POWER!
Do infinito GAY POWER! GAY POWER! GAY POWER!

Em 2015, em Istambul
Uma jovem trans
Hande Kader
Se interpôs entre a polícia
E a Parada
Gay
A gente a vê
Desfeita
No vídeo
Com a maquiagem escorrendo
E as colchas de cama
Jogar sobre os caminhões da polícia
Seu tênis
Esse verão
Seu corpo foi encontrado inteiramente quei-

mado
À beira da estrada
A gente a viu pela última vez
Subindo no carro de um cliente
Mas não se inquiete
Isso se passa
Longe

... as bibas esquecem isso hoje em dia, quero dizer, a gente não vai erigir monumentos para os mortos em cada esquina para se lembrar! [*Ela ri*.] Eu digo tudo isso de forma alegre, fofinho, porque eu sou Fifi, e Fifi nunca chora, jamais, Fifi toca o cu da vida, vê os paetês nos meus cabelos como são bonitos, isso que é preciso mostrar (eu digo isso a você, mas você faz como quiser, Cédric Biba Julien Biba), você pode ser um bom viado, arrumado como Julien e Cédric, mas mesmo assim não seja idiota.

Esquete

A MARIONETE DE CÉDRIC: Julien?

A MARIONETE DE JULIEN: Quê?

A MARIONETE DE CÉDRIC: Eu gostaria bastante que Doll viesse aqui conosco nos fazer um pouquinho de carinho.

A MARIONETE DE JULIEN: Verdade? É isso que você quer?

A marionete de Cédric ri.

A MARIONETE DE JULIEN: Ok.

As marionetes riem.

A MARIONETE DE CÉDRIC: É porque a gente nunca fez nada com Doll.

A MARIONETE DE JULIEN: Mas sim! As marionetes riem.

A MARIONETE DE CÉDRIC: É preciso reinventar o nosso caso, hein?

A MARIONETE DE JULIEN: Mas sim! Você tem razão!

As marionetes riem.

AS MARIONETES: A gente dormiu um pouco!

As marionetes riem.

AS MARIONETES: Reinventemos! Reinventemos!

As marionetes riem.

A MARIONETE DE CÉDRIC: Doll? Você vem?

FIFI DO CALVÁRIO: ... eu não gosto de julgar, mas eu me pergunto se nós não temos outra coisa para reinventar, a geração Y, geração que floresceu entre o 11 de Setembro e o Bataclan, com *Os garotos selvagens*, nós reinventamos uma outra coisa em Lyon, a gente é viado queer, você conhece? Isso te faz rir? Eu gosto quando você ri, você deve ter uma drag queen muito linda, muito emocionante. Quanto a mim, minha drag queen é Fifi, na vida real eu sou Romain, um pouco como no seu projeto que eu não entendi direito [*ela ri.*], Fifi do Calvário porque ela sofreu um bocado [*ela ri.*], você ri, eu estou tão feliz de te ver, fofinho! [*Ela chora.*] Eu tinha planejado te receber rindo [*ela chora*], eu choro, mas eu rio! Você já vai? Volte quando quiser, menino. A gente não sabe nunca. Se você precisar de uma velha biba dos anos 2020. E conhecer um pouco de história. [*Tempo.*] Volta. [*Tempo.*] Volta. [*Tempo.*] Volta quando você quiser, menino.

Todos deixam o cabaré.

ROMAIN: Romain pensou: "Os jovens de hoje não conhecem nada da história. Isso não lhes interessa." Ele pensou nos gays que são apenas um cu. Ele detestou, de repente, sua comunidade. Ele pensou: "Eu não tenho nada a ver com eles. Eu os detesto." Ele estava contente de se apresentar assim. Idiota. Triste e desdenhoso com os seus: "E o quê? Há também monas idiotas." Ele pensou em todas as pocs da extrema direita. Isso lhe dá vontade de vomitar. E mesmo Genet. Ele amava: "*Os batalhões de guerreiros loiros*". Isso o enoja, os skinheads gays. Há qualquer coisa de incompreensível para ele. É muito doido estar do lado de uma minoria – a gente representa só 2%! – e ainda ter ideias sujas. Ele queria ser aberto e se sente fechado. Fechado. Fechado. "Desaquenda, Doll!" diz ele. Ele pensa nos 15 mil viados mortos nos campos de concentração. Ele se diz: "Que merda. Eu adoraria que as bibas fizessem a humanidade evoluir." Ele pensa em Oscar Wilde. Alan Turing. Harvey Milk, que ele tanto amou.

ENTREATO.

18. SAINT-ÉTIENNE, O APARTAMENTO, 2016.

CÉDRIC: Na sua vida real, Divine vivia sozinha com Julien. E Doll (uma *terrier*). Na vida real, ela se chamava Cédric. Quarenta anos. "Porra." E, às vezes, ele se sentia só. E sobre isso, ok. Ele pensava: "Eu sou um homossexual arrumado." E pensava em Genet. Com a sua vida de órfão. De ladrão. Sua vida de "artista engajado." Ele pensava no espetáculo que estava fazendo com Julien. Isso lhe tocava, essa história de um Nossa Senhora das Flores contemporâneo. Ele se dizia: "Eu posso ser Genet também. Prisões mentais eu tenho muitas." Ele se sentia infinitamente próximo dele: "por vezes nós não temos nada a ver e por vezes temos tudo." Ele se repetia: "Tudo. Tudo. Tudo." É como se Genet o tivesse completamente inventado. Ele tinha um pouco de inveja. Ele se perguntava se Genet poderia ter escrito para ele. Talvez o escritor o teria achado um tanto arrumado com a sua relação e seu cachorro. Sem dúvida, não teria nem mesmo vontade de o encontrar. Ou então, para atraí-lo, fosse

necessário ser bem mais jovem. E engajado. Qualquer outra pessoa. Ele teria de ser
qualquer outra pessoa. Ele olha as fotos de
Jean. Ele o chama de Jean agora. Ele as colocou em todos os lugares do apartamento.
Ele diz: "Jean, quem é você?!!! Ajuda-me!
Ajuda-me a ser mil outros que eu mesmo!"
Ele lhe implora de joelhos. Como Divine o
faria. Mas Cédric fica firme. Que bom fazer
cena na vida real. Lentamente, o seu cigarro na varanda, ele traga. Esta frase aqui não
é bem formulada! Mas ele quisera tremen-
damente meter a palavra *tragar* no fim da
frase: "Tragar. Tragar." Cédric pensa nos ba-
tedores de carteira. Genet roubava livros.
E, por isso, ele foi condenado. Cédric pensa na cena que fez ontem no Tabernáculo,
como Divine. E pensa na necessidade de
ficção em sua vida. Na dureza do real. E
nesse jovem rapaz na Síria. E isso dá um nó
no seu estômago. Ele tem vergonha. Vergonha de ter feito uma cena com os homens
que caem. E essa canção que eles fizeram.
Isso o enoja. Ele não sabe mesmo se a arte
serve para alguma coisa. Ele só tem que
acolher os sírios na casa dele. O que o im-
pede? Ele queria agir bem: "*To act. Fazer
de alguma coisa ato.*" Ele pensa no Act Up.
Ele fez alguma coisa para o Act Up? Cédric se inclina sobre a janela. É muito lindo
o vazio visto daqui. Ele pensa em todos os
vazios do mundo. [*Tempo.*] Ele ouve sempre isso no seu ofício: "Existem espaços
impensados." Ele não sabe muito o que
isso quer dizer. E se diz: "Talvez seja isso
o impensado." Ele faz um esforço sobre-

-humano para produzir um pouco de pensamento: "Corpos que a gente deixa cair como se fossem chuva." Mas tal pensamento se faz apenas como má poesia. Cédric se pergunta qual ato real ele seria capaz de realizar. Em Paris, há um bar multiétnico. Reservado apenas para os negros, brancos e árabes. Ele poderia talvez ir lá. Os brancos são agredidos nesse bar. Cédric, depois de algum tempo, pensa em ser agredido. Ele tem sentido essa necessidade. Ele tem vontade que sua carinha de biba seja quebrada, vontade de ver o que se passa nesse bar. Talvez existam membros do Estado Islâmico no balcão? Eles viriam jogá-lo pela janela. Empurrá-lo. – Fulgurante:

"Se jogar sozinho de sua varanda em Saint-Étienne!" Ele tem, de repente, essa visão: "Voar, ele também! E depois cair. Ser apedrejado por uma multidão que ri. Mulheres. Crianças. Na França. Aqui." [*Cédric se inclina sobre sua varanda.*] Mas, de imediato, ele tem sobretudo vertigem. [*Tempo.*] Ela vai apenas morrer lá como um idiota. [*Tempo.*] Cédric se pergunta se ele não está encolhendo: "Eu definho." Ele pensa: "Isso vai passar através de Divine. É ela que eu vou dar. [*Tempo.*] Oferecê-la em sacrifício ao mundo. [*Tempo.*] Para que o mundo mude." Ele corrige: "Para fazer avançar duas ou três coisas." – (Cédric é assim: realista.) "Isso vai acontecer com ela. Claro! É isso, o projeto: *Sacrificar Divine*. Eu vou te jogar pela janela, minha doida." Ele não é doida, Cédric. Não é doida de tudo. "E talvez no fim você consiga voar no céu sírio. Reencontrar os outros

flocos! E derreter! Derreter, você também!
Derreter no meio dos seus!"

Não sou uma doida
Não sou uma doida
Não sou uma doida doida doida
Não sou uma doida
Não sou uma doida
Não sou uma doida doida doida
Não sou uma doida
Não sou uma doida
Não sou uma doida doida doida
Não sou uma doida
Não sou uma doida
Não sou uma doida doida doida
Não sou uma doida
Não sou uma doida
Não sou uma
Não uma
Não uma doida
Não sou um doido também
Diz
O que eu sou
Você me diz
Ou não
Diz
O que eu sou
Eu preciso
De você
Não sou uma doida

19. ALGUM LUGAR ENTRE O SÓTÃO NO LIVRO E SAINT-ÉTIENNE, A SALA DE ENSAIOS, 2016.

DIVINE: Assim que ela via Nossa Senhora no enquadramento de sua porta,

CÉCILE: Divine se excitava, e era muito novo para ela todo esse vigor. Ela se lembrava de um dia em que tinha sido surpreendida por Nossa Senhora lavando uma taça, isso a emocionou tanto (ela que sempre lavava as taças) –

MIGNON: Não é verdade!

DIVINE: Diz Mignon.

MIGNON: Eu já fiz isso tantas vezes!

DIVINE: Você, você não está mais por aqui!

CÉCILE: Mas voltemos à troca de pele de Divine: logo que Nossa Senhora se colocou a fazer jorrar a água

DIVINE: Divine sentiu nela o macho voltar...

CÉCILE: ... e esse macho não era Cédric, como vocês podem supor, mas alguém mais terrível ainda, um Áries, talvez fosse mesmo Zeus em pessoa, com seu raio, fazendo sua entrada no pijama de Divine, que se apressou logo por retirá-lo e substituir por um jeans que contornasse bem as curvas da bunda, um jeans de ataque, pois era bem sob o signo de guerreiro que ela vivia tudo isso. E a vontade de tomar Nossa Senhora por trás, de lhe fazer gemer sobre os pratos como outros a tinham feito gemer, oh! Como ela se sentia poderosa! Ela nem teve tempo de pensar:

DIVINE: Eu vou fazer!

CÉCILE: Ela faz! Ela já tem as mãos nas bolas do menino.

NOSSA SENHORA: ... que não esperava de jeito nenhum!

CÉCILE: ... e só de pensar, desculpem, dá em mim também vontade de endurecer, mesmo que eu não tenha jamais assistido a tais cenas, vamos, vocês também, deem prazer a si mesmos, nós distribuiremos pequenos lenços de papel na saída, fechem os olhos se vocês têm vergonha, mas não fiquem amuados quanto à possibilidade do prazer, eu suplico, as imagens não estão aqui simplesmente por serem bonitas. Sem dúvida, vocês já são contumazes consumidores dessa cena que, apesar de tudo, é de um erotismo doméstico muito convencional, talvez, muito certamente, vocês já arrumaram a cozinha com projetos parecidos na cabeça, eu espero fortemente, mas essa cena não foi vivida por Divine como um jogo erótico, uma piada de mau gosto, ou como uma vontade a mais de foder, que, verdade seja dita, por vezes saturava:

DIVINE: TODA ESSA FODA NA MINHA VIDA É DEMAIS!

CÉCILE: Não. A vida com Nossa Senhora das Flores a transfigurou. Ele ganhou até um pouco de peso. Ela se tornou o cafetão de Sua Danny. Ela chamava Nossa Senhora de "*Danny*". Ela começou mesmo a falar gíria. Uma vez, quando os dois estavam no carro...

NOSSA SENHORA: ... eles tinham pegado um carro...

CÉCILE: ... ela começou a insultar os outros motoristas:

DIVINE: Uó! Escroto! Quem é esse escroto?

CÉCILE: Ela buzinava:

DIVINE: Cuzão!

CÉCILE: Ela estava descontrolada. Isso saía assim, de forma automática, acompanhada dos dedos.

NOSSA SENHORA: Ela até traficou um pouco.

CÉCILE: Era ela quem tomava conta da cocaína no banheiro. Justo ela, que falava tanto.

NOSSA SENHORA: ... *uma verdadeira matraca!*

CÉCILE: ... tornou-se calada. Ela fumava misteriosamente um enorme cigarro eletrônico no apartamento. Ela jogava videogames. Ela peidava. Isso não combinava em nada com ela.

Tempo durante o qual Divine tenta.

CÉCILE: A tentativa, mesmo infeliz, era tocante.

Tempo durante o qual Divine tenta, agora com sucesso.

CÉCILE: Por vezes, as coisas se casavam, e Divine forçava o respeito com a aparência ridícula, o que semeou o alvoroço em todas as Tias.

DIVINE: A indiferença, era isso que ela tinha tentado incorporar. E, por vezes, era violenta, fria,

no apartamento. Para Nossa Senhora – meio alvo, meio criança –, foi o momento de grande virada da sua vida. Para ela, que já não sabia muito bem em que nível estava, isso não lhe rendia uma vida mais fácil. Ela continuou assim na vida, mais hesitante do que nunca. Meio homem. Meio mulher. Meio puta. Incerta.

DIVINE: É um amor perturbador
Amar-te simplesmente
Isso nos tomou tempo
Amar-te sem todos os meus alaridos
De tiazona

É um amor constrangedor
De ver que, com o tempo,
Sinto-me bem melhor que antes
E você faz tão bem o papel de amante
De amar
Meu coração
Escuro
De tomar minha boca que mente tanto
Minha boca má, meu nariz tão longo
Meu sexo tão fraco, meu Deus
Por que não sou melhor?

É um amor demente
De ver que quero tanto
Nós dois, mesmo quando minto
Que você me quer mesmo quando não sei mais nada
De nós.

20. ALGUM LUGAR ENTRE A SARJETA NO LIVRO E SAINT-ÉTIENNE, A SALA DE ENSAIOS, 2016. AS TIAS.

GABRIEL: Quando as Tias viram Divine com Gabriel, elas não puderam deixar de fazer pequenas fofocas.

CASTAGNETTE: Lançar olhares.

ANGELA: Fomentar ciúmes:

MIMOSA: Não sabe da novidade?

AS TIAS: Novidade?

MIMOSA: Divine está trepando com um jovem!

ANGELA: Como assim?!

GABRIEL: Gabriel. Um jovem soldado.

ANGELA: Ah, é?

LA GINETTE: Quem? Quem? Você falou quem?

ANGELA: Ela não tem vergonha!

MONIQUE: Você não tem um cigarro?

LA GINETTE: Ela está traindo Nossa Senhora?!

CASTAGNETTE: "E o que é que tem?! Eu digo que ela tem o direito!", diz Castagnette, que era mais uma irmã que uma tia.

MIMOSA: Não, mas Nossa Senhora não sabe.

GINETTE: Ela faz isso na surdina?!

MONIQUE: São realmente nojentos – esses cigarros.

ANGELA: Ela o sustenta.

Tempo.

MIMOSA: É que tem uma coisa.

Tempo.

CASTAGNETTE: "Deve ser importante." Diz Castagnette, que sabia ler os corações.

MIMOSA: Em todo caso, vejam. Ela está radiante. Ela tem um brilho nos olhos.

LA GINETTE: Você acha?

CASTAGNETTE: Ela precisava, coitada. Com tudo o que ela passa.

TODAS: É verdade que ela atravessou uma porrada de coisas.

MONIQUE: Coitada! Coitada!

MIMOSA: Ela tem o direito de ser amada (×3)

MONIQUE: Coitada! Coitada!

ANGELA: "E, depois, não acabou. Ela ainda vai sofrer." Diz Angela, que era um pouco vidente.

TODAS: (Ela lia as linhas dos pés.)

LA GINETTE: E ele, você acha que ele gosta dela?

GABRIEL: Sim. Ele a ama.

DIVINE: Você acha?

MIMOSA: Isso é tão lindo.

ANGELA: Isso vai acabar mal.

GABRIEL: Ele vai morrer na guerra.

CASTAGNETTE: Isso sempre acaba mal.

LA GINETTE: Não pode, um amor tão puro, não pode.

GABRIEL: E isso deu nas Mimosas I, II, III, IV a vontade de viver também um puta amor como aquele.

LA GINETTE: Um amor que as eleve.

CASTAGNETTE: E as acalme.

GABRIEL: E lhes dê vontade de fazer qualquer coisa. Coisas loucas. Ir para a guerra, por exemplo.

ANGELA: E todas as Tias gritaram por seu amor:

TODAS: Como sinto sua falta!!!

GABRIEL: Porque todas elas tinham algum amor no fundo de suas vidas, guardado no interior de uma pequena boate, no meio de uma noite, um amor que veio e depois partiu, ou que ia surgir ao virar a esquina, era certo:

CASTAGNETTE: Não faz sentido!

MONIQUE: Ainda dou para o gasto!

ANGELA: Vai chegar.

MIMOSA: Como eu envelheço!

LA GINETTE: E se eu morrer primeiro?

MONIQUE: Ele vai vir?

MIMOSA: Você vai vir?

TODAS: Você vai vir?

O túmulo de Gabriel.

DIVINE: Divine está no túmulo de Gabriel. Ela fuma um cigarro Craven. Ela pensa em seu amor: "Meu anjo. Gaby. Gaby, meu anjo. Gabriel. Oh, Gaby!"

O sótão no Livro, Saint-Étienne, a sala de ensaios, 2016.

DIVINE: *(p.148)* Senta!

Tempo.

DIVINE: Quer beber alguma coisa?

GABRIEL: Está muito claro!

Tempo.

DIVINE: Você acha? É porque está tudo aberto! E Divine, ela também, está cega por tanta luminosidade:

DIVINE: Está claro! Claro!

Eles riem.

GABRIEL: E é engraçado, seus móveis flutuam!

Divine ri.

GABRIEL: E sua chaleira! Sua casa é realmente louca! E seu Cherry!

Eles riem.

GABRIEL: E é verdade, duvide se quiser, mas, no apartamento, tudo voava, os DVDs, as colherinhas, e, de repente, até mesmo uma música soava, vinda de onde a gente nem sabe, e era – você vai acreditar? – uma música de paraíso, ou melhor, uma música um pouco popular, que envergonharia alguns de vocês, é claro, mas que me deslumbrou completamente, vai em frente, sobe o som, uma canção *que me arrepia,* como se diz:

Aqui, uma canção.

DIVINE: "*Certa noite, o Arcanjo virou fauno*", p.150.

CÉCILE: Divine estava deitada na cama. Era uma noite de grande calor. Divine suava.

GABRIEL: Você cheira a sal.

CÉCILE: Diz Gabriel.

GABRIEL: Você cheira a escamas e a peixe!

CÉCILE: E ele ri, e lhe dá vontade penetrar esse olor de maré, devo dizer que Divine tinha reforçado o perfume um pouco antes de sua chegada, tinha passado um creme nas partes íntimas, nas mãos, nos pés, e colocado um pouco da sua urina no café do Gabriel, e esse cheiro meio de adega, ou então, maré, suor, grama, lhe deu vontade de amá-la. [*Tempo.*] E Divine nunca tinha provado felicidade tão intensa, ela transbordava feito ondas:

DIVINE: Oh! Gaby!

CÉCILE: E Gabriel a dominava em sua languidez, ele movia-se dentro dela, apenas, e dentro dela se lançava, e se expandia, e como aquilo era suave! E Divine se sentiu partir:

DIVINE: Tomara que Danny não entre neste momento aqui em casa!

GABRIEL: "Depressa! Me beija!", e no momento em que ele ia beijá-la, urrou. E Divine, acreditem ou não, tinha um pouco de espuma no sexo e violetas entre os dedos.

Algum lugar no cemitério.

DIVINE: E Divine chora, chora, chora sobre o túmulo de Gaby enquanto fuma un Craven, porque, nos livros, esses amores não perecem – "Never!", e a música gira, gira na cabeça, no cemitério, na sala de estar, e Divine aperta, aperta, aperta Gaby, com todas as suas forças, numa dança lenta, porque ela o ama, caramba, ela o ama como nunca amou ninguém, e Gaby a ama também:

GABRIEL:	Eu amo essa velhota!
DIVINE:	... e isso lhe dá força para ir morrer na guerra. Divine gasta uma caixa de lenços de papel.
SABINE:	E em outro túmulo, um pouco mais adiante, está Ernestine, que também gasta uma caixa de lenços de papel. Ela ensaia caso seu filho Lou viesse finalmente a morrer.
ARTHUR:	"Você sabe, Divine. Eu soube do Gabriel. E, se quiser, vou fumar um Craven no túmulo dele com você." Diz Jimmy, de quem a gente ouve falar só uma vez no romance (p.151).

Mais tarde.

CÉDRIC/DIVINE:	"Estou cansada. Cansada. Cansada." Diz Divine. "Um grande sono." E, sobre o túmulo de Gaby, ela adormeceu.

21. SAINT-ÉTIENNE, O APARTAMENTO, 2016.

Diálogo entre Cédric e Julien, 5.

Durante a noite.

CÉDRIC:	Julien?
JULIEN:	Que foi?!
CÉDRIC:	Ainda há coisas que eu não entendo.
JULIEN:	É normal, Cédric. Dorme. Dorme. Dorme.

Diálogo entre Cédric e Julien, 6.
Mais tarde, durante a noite.

CÉDRIC: Julien?

JULIEN: Que foi?!

CÉDRIC: Há uma coisa de que não falamos.

JULIEN: O quê?

CÉDRIC: O tiroteio em Orlando.

JULIEN: Tá. A gente vai falar sobre isso. Prometo.

Diálogo entre Cédric e Julien, 7.
Mais tarde, durante a noite.

CÉDRIC: Julien?

JULIEN: Que foi?

CÉDRIC: Eles ainda jogam os gays dos telhados.

JULIEN: Quem?

CÉDRIC: Os sírios, claro.

JULIEN: Não são os sírios. É o Estado Islâmico.

CÉDRIC: Ah.

Diálogo entre Cédric e Julien, 8.
Mais tarde, durante a noite.

CÉDRIC:	Julien?
JULIEN:	Que foi?
CÉDRIC:	Qual será o efeito político do nosso projeto?

Tempo.

JULIEN:	A gente não pode prever, Cédric. As obras são também o uso que as pessoas fazem delas.

Tempo.

CÉDRIC:	E se as pessoas a usarem mal?
JULIEN:	Dane-se.
CÉDRIC:	A gente não serve pra nada?
JULIEN:	Me abraça.

Diálogo entre Cédric e Julien, 9.
Mais tarde, durante a noite.

JULIEN:	Eu te amo, Cédric.
CÉDRIC:	O que você ama?
JULIEN:	Tudo. Eu te amo como você é. Eu amo tudo. [*Ele ri.*] Eu amo a sua marca na panturrilha.
CÉDRIC:	É verdade? [*Tempo.*] Minha marca não te faz pensar um pouco em Gorgui?

Julien sorri.

JULIEN: Um pouco.

CÉDRIC: Você acha que tenho um pouco de Gorgui em mim?

JULIEN: Huumm!

CÉDRIC: Como assim *huumm*?

JULIEN: Ela tem gosto de café!

Diálogo entre Cédric e Julien, 10.
Mais tarde, durante a noite.

CÉDRIC: Julien?

JULIEN: Que foi?

CÉDRIC: Tenho medo que a gente esteja fazendo uma coisa.

JULIEN: O quê?

CÉDRIC: Temo que a gente fique *dependente de um universo discursivo que erotiza a diferença etnorracial e de classe, pondo-a a distância.*

JULIEN: Hum.

CÉDRIC: Julien?

JULIEN: Não, nada disso.

CÉDRIC: Julien!

JULIEN: Que foi?!

CÉDRIC:	Eu tenho medo que haja no nosso espetáculo algo que sugira orientalismo.
JULIEN:	...
CÉDRIC:	Quando Cécile faz sua dança das bananas lá.
JULIEN:	Mas não. É engraçado.
CÉDRIC:	Não tem graça nenhuma. É perigoso.
JULIEN:	Você tem razão. Vamos prestar atenção.
CÉDRIC:	Não estou brincando.
JULIEN:	Nem eu, Cédric.
CÉDRIC:	Não tem do que rir.
JULIEN:	Não. Não tem do que rir. Vamos cortar a cena da Cécile com as bananas.

Diálogo entre Cédric e Julien, 11.

Mais tarde, durante a noite.

CÉDRIC:	Julien?
JULIEN:	QUE FOI AGORA, CÉDRIC?!
CÉDRIC:	Você não acha que Genet tem uma relação engraçada com as mulheres?
JULIEN:	...
CÉDRIC:	JULIEN?!
JULIEN:	Eu não sei! Eu não sei de nada! Sim! As mulheres são maltratadas! Controladas! Idiotizadas! Se você quiser! Se você quiser! Eu me importo com isso. Não! Eu não me im-

porto! Não é disso que eu quero tratar. Parece que você procura piolhos na cabeça de Genet há dois dias. Dois meses. Séculos. Ele está morto! Isso está definido, você entende! Ah sim! Ele tinha coisas definidas sobre coisas! Todos nós temos coisas definidas! E o meu avô, ele não gostava de viados! E ele fazia superbem macarrão! O que você quer que eu te diga?! Não vou resolver tudo de uma vez! Vai para uma associação feminista! Mexe seu rabo! Milita! Trabalha com mais atrizes! Pega e dá um tanto de dinheiro para as meninas, se quiser! É verdade! Você tem razão! Eu não entendo por que a gente não dá mais! Também elas não pedem.

Tempo.

CÉDRIC: Você pagou menos à Cécile e à Sabine?

Diálogo entre Cédric e Julien, 12.

Na eternidade.

ARTHUR: Julien tem medo de todas as questões de Cédric. Tem medo não dessas questões, mas que essas perguntas o pulverizem no chuveiro.

JULIEN: Já que Cédric nunca soube bem quem era.

ARTHUR: Ele teme que essas questões o reduzam a nada. Teme que Cédric se estrangule de vergonha, com aquele negócio do chuveiro, por ser quem é. Ele grita:

JULIEN: TUDO BEM, CÉDRIC?!

ARTHUR: Tem medo de ver Cédric morrer. A representação da sua morte, estrangulado ali, no chuveiro, o faz tremer.

JULIEN: Ao mesmo tempo, ele pensa: "Seria uma bela imagem para a encenação. Cédric enforcado na mangueira do seu chuveiro. Cédric vai sacrificar Divine. Ele bem poderia sacrificar Cédric. Faz sentido. De um lado, a notícia. Do outro, a tragédia. Isso lhe convém. ESTÁ TUDO BEM, CÉDRIC?!"

Tempo longo.

CÉDRIC: Julien? Eu tenho medo do que eu faço com a minha liberdade.

22. ALGUM LUGAR ENTRE A CASA DO VELHO FIFI, EM LYON, 2090, E A CASA DO VELHO NO LIVRO.

O VELHO: Qual é o seu nome? Nossa Senhora? E o que você faz da vida? Você vende seu cu? Ok. Ok. [*Tempo.*] O que te faz vender o cu para um velho como eu? Eu adoraria encontrar um velho como eu na internet, mas os velhos não vendem o rabo. Só tem jovens. Isso me deixaria mais confortável. Você acha que não vale nada o cu dos velhos? Eu não choro. Eu envelheci durante esta peça, garoto. Você vê os meus cabelos? Cada vez eu tenho menos. Gosto de trepar *bareback* – no sexo entre homens, tem o *bareback*, o sexo sem preservativo, e bem, eu, eu trepo sem peruca, com o risco de me reconhecerem, [*ele ri.*] Nos anos 2020 a gente fazia isso. O sexo sem capa. Eu fiz festas assim nos anos 2020. Em 2020 era legal. Isso é o que dizem de um começo de século. A gente diz: "As coisas mudam." E agora te vejo aqui. [*Tempo.*] A gente fazia a festa com *Os rapazes selvagens* nos apartamentos em Lyon. Saíamos em grupo com as amigas. Os amigos. Tinha de tudo. Héteros. Bibas. Caminhoneiras. A gente tinha se tornado quase *mainstream*, veja você. Atravessávamos a estação. Roubávamos a estação de Lyon. A gente era como um rastro de luz na cidade. E mesmo os soropositivos. Eles passavam com suas agulhas cheias de purpurina. E se fôssemos espancados, bem, no dia seguinte, nós voltávamos a sair. A gente tinha a cabeça erguida. E a neca também! [*Ele ri.*] Nós sabíamos o que devíamos às associações. [*Ele sonha.*] Você vê, alguma coisa estava mudando. Isso se sentia. Como se a própria Terra fosse viada. Isso tremia sob as nossas mãos. Sob os nossos pés. A Terra, um rabo que se empinava. E nos levava para cima. Engolíamos as estrelas. A gente ouvia Vanessa Paradis. Sting. Mylène Farmer. Coisas do babado. E nós também tínhamos o direito de sonhar. E, depois, isso tudo começou a ficar confuso entre nós. Houve a guerra dos viados. Uma coisa realmente terrível. Começamos a discutir entre nós. [*Ele bebe um shot de rum.*] Havia as bichas direitistas e ordenadas. [*Ele bebe outro shot de rum.*] Havia as barbies que não gostavam das pocs. E as pocs que não gostavam das barbies. E as cacuras pedófilas (em Vosges). [*Ele bebe um shot de rum.*] E as monas que não gostavam de monas estrangeiras. E aqueles que amavam as gays vindas do Cáucaso. E aqueles que não gostavam das trans. E as trans começaram a viver entre elas. Entrincheiraram-se. Nós fizemos muros em nossos corações e assassinos para atirar. [*Ele bebe um shot de rum.*] E eu não digo necessariamente *no border*. As fronteiras fazem bem pra gente transbordar. [*Ele bebe um último shot de rum.*] Começou a feder por todo lado. Aconteceu uma coisa ruim. E você, você está aqui. Chega aqui. Com essa cara de Nossa Senhora reencarnado. E me vende seu cu. Por quê?

ARTHUR: Então, para fazer uma experiência. Uma coisa legal.

O VELHO: Ok.

ARTHUR: Para saber o que eu valho. E o que sinto.

O VELHO: Ok. Ok. Ok.

ARTHUR: E, depois, eu gosto. É um serviço que eu te presto. E gosto de estar com você, entende? E com isso eu faço algum dinheiro. Adoro quando você me conta suas velhas histórias de viados mortos pela AIDS.

O VELHO: É verdade?

Arthur o beija.

O VELHO: [*constrangido*] O que você quer fazer? Quer ver um filme?

Arthur o beija.

O VELHO: Arthur? Arthur é seu nome na vida real, certo?

Arthur o beija.

O VELHO: Me beija.

Nossa Senhora o estrangula.

O VELHO: Me beija.

Nossa Senhora o estrangula.

O VELHO: Me beija.

Mais tarde, Arthur, com um policial.

ARTHUR: Olha! Eu tirei uma foto de um velho que eu matei! [*Ele ri*] Você quer ver a foto? Mas, não, estou zoando. É falso. É uma encenação. Isto é para um projeto. Estou brincando. Estou brincando. Estou brincando.

23. ALGUM LUGAR ENTRE O SÓTÃO DO LIVRO E 2016.

MIMOSA: Divine foi tirada da sua cama no raiar do dia.

CASTAGNETTE: Ela sabia que, naquele dia, tinha duas visitas importantes. E tanto uma quanto a outra não lhe deram grande prazer:

DIVINE: Eu não quero. É muito cedo. Não agora.

CASTAGNETTE: ... foram as parcas palavras que estalaram no seu cérebro. Ela quis gritar:

DIVINE: Não! Você, não!

CASTAGNETTE: Mas sua boca não chegava a se abrir.

ANGELA: Tudo estava colado.

MIMOSA: Divine começava a se entupir.

CASTAGNETTE: Ela pensou, naquele momento, que ia morrer sufocada pelas palavras que não quiseram sair.

ANGELA: E, na outra ponta, por seu cocô que tinha ficado empachado:

DIVINE: Faz oito dias!

MIMOSA: Divine diz para si que iria morrer bem entupida.

ANGELA: Cheia.

CASTAGNETTE: Cheia de toda a merda e todo o ouro – porque, para ela, as palavras eram ouro, que não tinham saído.

MIMOSA: Ela imaginou uma espécie de explosão interna, gororoba de sangue, de palavras, de coração, de bosta.

ANGELA: ... e aquilo a fez peidar:

DIVINE: Ah! Livre!

MIMOSA: Ela diz:

DIVINE: Não é tudo para agora!

MIMOSA: E (p. 369):

DIVINE: *Eu ouvi os anjos peidarem no telhado!*

MIMOSA: O que era, para ela, o anúncio de uma pausa.

ERNESTINE: Aleluia!

MIMOSA: Diz alguém. E esta era sua mãe. Divine, quando viu sua mãe, disse para si:

DIVINE: Ah, não! Minha mãe, não!

MIMOSA: É com um outro rosto que ela queria morrer.

CASTAGNETTE: Ela se concentrou.

ANGELA: Ela fez um pequeno esforço e peidou novamente.

ERNESTINE: Aleluia!

ALBERTO: E a imagem de Alberto lhe veio.

CASTAGNETTE: Era uma imagem fácil.

ANGELA: Tudo pronto.

MIMOSA: Um pouco desgastada pelas numerosas visões, mas não importa, era a imagem perfeita. Ele estava atrás dela. Pousado. Eterno. E Divine soube que era um anjo caído:

DIVINE: Meu anjo. O anjo Alberto.

MIMOSA: E ela quis chorar. E chorou. Porque ela o amou por ser anjo. E ela quis lhe acariciar todas as asas.

CASTAGNETTE: E o sexo tão bonito que ele tinha.

ALBERTO: ... embora um pouco menor que aquele do Alberto do Livro.

MIMOSA: Ele tinha tudo.

DIVINE: Você é tudo. É o meu tudo.

MIMOSA: Mas ela não tinha mais gestos para acariciar.

ANGELA: Por despeito, ela peidou.

ERNESTINE: Aleluia!

ANGELA: Diz sua mãe. Quem imaginava que ela se elevava cada vez que sua filha peidava.

ERNESTINE: Uma pequena ascensão.

CASTAGNETTE: E já foi.

ERNESTINE: É sempre assim. Na minha idade. Sobretudo quando a gente não ganhou nada. É preciso ganhar rápido.

CASTAGNETTE: Além disso, Ernestine já tinha começado a se aproveitar do apartamento. Ela tinha arrumado, num saco, os vestidos que achava bonitos:

ERNESTINE: Esse sim, esse é mais ou menos, esse para os pobres.

CASTAGNETTE: Ela se deteve em um buquê de flores secas:

ERNESTINE: Que merda é esta?

CASTAGNETTE: E jogou tudo no lixo:

ERNESTINE: Isso aqui dentro fede!

CASTAGNETTE: Ela abriu a geladeira:

ERNESTINE: Isso fede! Isso fede!

CASTAGNETTE: Ernestine adorava lavar. Ela lavou tudo. Fez brilhar. Lavou as mãos de sua filha. E entre os dedos dos pés. Lugares onde ninguém tinha ido há muito tempo:

ERNESTINE: Olha!

CASTAGNETTE: Ela lavou o pulso fino de Divine, todo marcado de cicatrizes.

ERNESTINE: Eu gosto disso.

CASTAGNETTE: Ela o passou em muitas águas. Ela diz:

ERNESTINE: Eu vou te limpar de tudo hoje. Tudo. Tudo. Você vai ficar leve, minha filha.

CASTAGNETTE: Ela cortou-lhe o pênis:

ERNESTINE: Você vê. Não há mais nada. É leve. Não há mais nada.

CASTAGNETTE: Divine virou seu rosto para sua mãe:

DIVINE: Eu aceito você.

CASTAGNETTE: Em seguida, um:

DIVINE: Manman! Manman! Manman!

CASTAGNETTE: … saiu do mais íntimo do ventre.

MIMOSA: E isso a fez chorar. Ela que, apesar de tudo, estava sempre junto – "*uma mulher elegante*", tinha mesmo dito Mignon, um dia, sobre ela –, e a recordação de Mignon ime-

	diatamente a fez chorar. Porque ele lhe fazia tanta falta.
DIVINE:	Tanta! Tanta!
MIMOSA:	Todos lhe faziam falta. E as Tias também.
CASTAGNETTE:	E mesmo Solange, a pequena Pitonisa.
MIMOSA:	E era sua mãe e a morte que estavam lá!
ERNESTINE:	Afinal de contas, Ernestine a tinha feito nascer. Normal que a fizesse morrer.
DIVINE:	Melhor assim! Não aguento mais!
MIMOSA:	Gritou Divine. A eutanásia começava seriamente a despertar interesse nela.
DIVINE:	Um bom remédio e, depois, ir direto ao fim!
ERNESTINE:	Mas era preciso que ela se arrastasse. Que ela durasse em sua agonia. Que ela persistisse.
CASTAGNETTE:	E tanto pior para você. A morte é longa.
ERNESTINE:	A gente está de saco cheio.
CASTAGNETTE:	A gente está com dor.
ERNESTINE:	E de saco cheio.
DIVINE:	Além disso, ela não tinha mais nada a dizer.
ERNESTINE:	"Melhor assim!" Você pensa. E eu também.
DIVINE:	Mesmo assim. Não se cumpria. Ela disse para si: "Vou fixar um ponto na parede."
NOSSA SENHORA:	E o ponto era a foto de Nossa Senhora:
DIVINE:	Ah, não. Eu não quero morrer com ele.

NOSSA SENHORA: Mas foi com a sua cara que ela partiu. Ela partiu com o rosto do horror.

Tempo.

CASTAGNETTE:	A gente pensou que ela partiu.
ERNESTINE:	Vai!
ANGELA:	Mas não. Ela peidou.
ERNESTINE:	Aleluia!
GABRIEL:	Depois, o anjo Gabriel estendeu-lhe uma mão que ela não viu. Mas logo percebeu que ela tinha perdido algo importante. Esse gênero de coisas a gente sente. Ela pensou:
DIVINE:	Eu estrago até meu encontro com a morte. Eu estrago tudo, todos os meus encontros!
ANGELA:	E eu deixo vocês imaginarem o efeito que a palavra *estragar* causou em sua barriga. Ela ficou enfezada pela palavra ter tal poder. E ainda dessa vez, outro estrago grande. O colchão estava úmido. Encharcado. Uma poça.
ERNESTINE:	Ainda vai demorar muito?
MIMOSA:	Diz Ernestine.
CASTAGNETTE:	Ernestine estava extremamente pronta.
ERNESTINE:	Há muito tempo!
MIMOSA:	Ela tinha começado a crer em Deus para a ocasião.

ERNESTINE: Ela tinha até passado a mão, carinhosamente, nos cabelos de sua criança: "Minha criança!" E para si mesma: "Enfim!" Mais profundo: "Boa viagem!" E ainda mais longe: "Que vazio vai fazer!"

Tempo.

DIVINE: Bebida!

ERNESTINE: "Não!" Ernestine estava dividida entre dois movimentos: acabar com as dores de seu filho

CASTAGNETTE: ... e, ao mesmo tempo, com as suas

ERNESTINE: ("Acaba. Acaba. Acaba.") entretanto, ela não tivera muitos momentos na peça. Nem na vida. Ela se resolveu em um curto momento de intensidade. Quis entoar alguma coisa. Mas não vinha. Ela tentou se lembrar do que ela cantava para Lou na infância. Mas ela não cantava nada. Ela o deixava se aterrorizar sozinho no quarto. Com os seus sonoros gritos. E o seu medo do escuro. E ela quisera sufocá-lo: "Eu me lembro bem disso. Seus gritos." E os gritos vindos de seu filho a fizeram chorar. Ela chorou um bocado. Saiu. Saiu tudo dela. Uma fonte. Ernestine era uma mulher-fonte. Descobriu isso naquela noite. Chorando para todo lado. Fonte que ela era. Fonte. Fonte. Ela se derramou por toda a cadeira. E limpou. E experimentou essa água mágica. Ela se sentiu bem por ter gozado: "Mas faz um bem gozar assim!"

Divine morre.

CASTAGNETTE: Ela se sentiu livre, ela também. Ela estava contente!

ERNESTINE: Contente! Contente!

MIGNON: E como a alegria a fazia bela.

Ernestine e as Tias.

Bye bye
Bye bye
Bye bye
Bye bye

Deixe-me com minhas lembranças de quando a gente dançava há pouco, você e eu
Nós estávamos tão perto do Negro Gorgui
Que também dançava com Nossa Senhora
Que dançava com Mimosa III
Pensando na barba farta de Monique
Que tem a barriga branca, e que eu amo, e que me traiu
Dançando com Gabriel
Quem dançava com o diabo, e dois-três amigos mortos nos anos 80

Leva um pouco de mim, depois um pouco deles! Um pouco dos viados, dos afeminados

Bye bye
Bye bye
Bye bye
Bye bye

CÉDRIC: Mimosa tira sua peruca. Bye bye.

JULIEN: Sabine anda por um canto. Bye bye. Cécile pensa:

CÉCILE: Eu tenho Gorgui dentro de mim.

JULIEN: Bye bye, Cécile.

CÉDRIC: "Eu tenho vocês todos dentro de mim. Todos. Todos. Todos." Bye bye, amigas!

CÉCILE: E, agora, teremos de sair. E ver aqueles Cidadãos de Bem. Aqueles que dizem:

JULIEN: "Os ânus são feitos para defecar."

CÉCILE: Bye bye. Bye bye bye, Cidadãos de Bem. Bye bye, Philippe Cochet.

JULIEN: Julien pensa na frase do deputado da UMP, Philippe Cochet, em 18 de abril de 2013, sobre o casamento para todos, na França:

SABINE: "Vocês estão assassinando as crianças!"

JULIEN: Bye bye, Philippe Cochet!

MONIQUE: Às vezes, o cocô sai pela boca!

CÉDRIC: Pensa Monique. E talvez isso lhe apeteça. Cada um com seus gostos. Bye bye, Monique.

JULIEN: Julien pensa nos filhos que não tem. É Cédric quem não os quer.

SABINE: Sabine pensa em seu amante.

MATTHIEU: Matthieu pensa que a batida, ela que é importante.

BENJAMIN: Benjamin pensa que a piroca, ela que é importante. Ele ri.

JULIEN:	Cédric acha isso superfácil. Bye bye, Cédric!
ARTHUR:	Arthur anda um pouco: "Eu não tenho muita vontade de ir embora."
CÉDRIC:	"Vai. Senão eu vou chorar." Bye bye, Divine.
TODOS:	Bye bye. Bye bye. Bye bye. Bye bye.
CÉDRIC:	"E eu também, eu estou contente por esta história terminar", pensou Cédric. Porque, na verdade, mesmo que ele não tivesse entendido nada da obra de Genet, nem mesmo do mundo, muito menos dele mesmo, isso o teria livrado, quando muito, de duas ou três coisas, deste projeto. E pensou: "Obrigado, amigos." Mas os amigos já se foram. Eles telefonam para seus filhos. Todos eles têm as vidas cheias de crianças. "Foda- se." Cédric se sente um pouco estúpido: "Eu poderia, talvez, ter um filho?" Ele ri: "Que ideia estúpida é essa?" Ele ri. Ele diz para si, sobretudo, que seria também preciso guardar o luto de Divine. E não ia ser fácil. Ele leu as últimas notícias do mundo. Era congelante.

La Grange aux vachers-Alloue, de março a novembro de 2016.

Sobre a Coleção Dramaturgia Francesa

Os textos de teatro podem ser escritos de muitos modos. Podem ter estrutura mais clássica, com rubricas e diálogos, podem ter indicações apenas conceituais, podem descrever cenário e luz, ensinar sobre os personagens ou nem indicar o que é dito por quem. Os textos de teatro podem tudo.

    Escritos para, a princípio, serem encenados, os textos de dramaturgia são a base de uma peça, são o seu começo. Ainda que, contraditoriamente, por vezes eles ganhem forma somente no meio do processo de ensaios ou até depois da estreia. Mas é através das palavras que surgem os primeiros conceitos quando uma ideia para o teatro começa a ser germinada. Bem, na verdade, uma peça pode surgir de um gesto, um cenário, um personagem, de uma chuva. Então o que seria o texto de uma peça? Um roteiro da encenação, um guia para os atores e diretores, uma bíblia a ser respeitada à risca na montagem? O fato é que o texto de teatro pode ser tudo isso, pode não ser nada disso e pode ser muitas outras coisas.

    Ao começar as pesquisas para as primeiras publicações da Coleção Dramaturgia, na Editora Cobogó, em 2013, fui apresentada a muitos livros de muitas peças. Numa delas, na página em que se esperava ler a lista de personagens, um espanto se transformou em esclarecimento: "Este texto pode ser encenado por um ou mais atores."

Que coisa linda! Ali se esclarecia, para mim, o papel do texto dramático. Ele seria o depositório – escrito – de ideias, conceitos, formas, elementos, objetos, personagens, conversas, ritmos, luzes, silêncios, espaços, ações que deveriam ser elaborados para que um texto virasse encenação. Poderia esclarecer, indicar, ordenar ou, ainda, não dizer. A única questão necessária para que pudesse ser de fato um texto dramático era: o texto precisaria invariavelmente provocar. Provocar reflexões, provocar sons ou silêncios, provocar atores, provocar cenários, provocar movimentos e muito mais. E a quem fosse dada a tarefa de encenar, era entregue a batuta para orquestrar os dados do texto e torná-los encenação. Torná-los teatro.

Esse lugar tão vago e tão instigante, indefinível e da maior clareza, faz do texto dramático uma literatura muito singular. Sim, literatura, por isso o publicamos. Publicamos para pensar a forma do texto, a natureza do texto, o lugar do texto na peça. A partir do desejo de refletir sobre o que é da dramaturgia e o que é da peça encenada, fomos acolhendo mais e mais textos na Coleção Dramaturgia, fazendo com que ela fosse crescendo, alargando o espaço ocupado nas prateleiras das livrarias, nas portas dos teatros, nas estantes de casa para um tipo de leitura com a qual se tinha pouca intimidade ou hábito no Brasil.

Desde o momento em que recebemos um texto, por vezes ainda em fase de ensaio – portanto fadado a mudanças –, até a impressão do livro, trabalhamos junto aos autores, atores, diretores e a quem mais vier a se envolver com esse processo a fim de gravarmos no livro o que aquela dramaturgia demanda, precisa, revela. Mas nosso trabalho segue com a distribuição dos livros nas livrarias, com os debates e leituras promovidos, com os encontros nos festivais de teatro e em tantos outros palcos. Para além de promover o hábito de ler teatro, queremos pensar a dramaturgia com os autores, diretores, atores, produtores e toda a gente do teatro, além de curiosos e apreciadores, e assim refletir sobre o papel do texto, da dramaturgia e seu lugar no teatro.

Ao sermos convidados por Márcia Dias, curadora e diretora do TEMPO_FESTIVAL, em 2015, para publicarmos a Coleção Dramaturgia Espanhola na Editora Cobogó, nosso projeto não apenas ganhou novo propósito, como novos espaços. Pudemos conhecer os modos de escrever teatro na Espanha, ser apresentados a novos autores e ideias, perceber os temas que estavam interessando ao teatro espanhol e apresentar tudo isso ao leitor brasileiro, o que só fortaleceu nosso desejo de divulgar e discutir a dramaturgia contemporânea. Além disso, algumas das peças foram encenadas, uma delas chegou a virar filme, todos projetos realizados no Brasil, a partir das traduções e publicações da Coleção Dramaturgia Espanhola. Desdobramentos gratificantes para textos que têm em sua origem o destino de serem encenados.

Com o convite para participarmos, mais uma vez, junto ao Núcleo dos Festivais Internacionais de Artes Cênicas, do projeto Nova Dramaturgia Francesa e Brasileira, com o apoio da Comédie de Saint-Étienne – Centre Dramatique National, do Institut Français e da Embaixada da França no Brasil, reafirmamos nossa vocação de publicar e fazer chegar aos mais diversos leitores textos dramáticos de diferentes origens, temas e formatos, abrangendo e potencializando o alcance da dramaturgia e as discussões a seu respeito. A criação do selo Coleção Dramaturgia Francesa promove, assim, um intercâmbio da maior importância, que se completa com a publicação de títulos de dramaturgas e dramaturgos brasileiros – muitos deles publicados originalmente pela Cobogó – na França.

É com a maior alegria que participamos dessa celebração da dramaturgia.

Boa leitura!

Isabel Diegues
Diretora Editorial
Editora Cobogó

Intercâmbio de dramaturgias

O projeto de Internacionalização da Dramaturgia amplia meu contato com o mundo. Através dos textos me conecto com novas ideias, novos universos e conheço pessoas. Movida pelo desejo de ultrapassar fronteiras, transpor limites e tocar o outro, desenvolvo projetos que promovem cruzamentos, encontros e incentivam a criação em suas diferentes formas.

Esse projeto se inicia em 2015 com a tradução de textos espanhóis para o português. Ao ler o posfácio que escrevi para a Coleção Dramartugia Espanhola, publicada pela Editora Cobogó, constatei como já estava latente o meu desejo de ampliar o projeto e traçar o caminho inverso de difundir a dramaturgia brasileira pelo mundo. Hoje, com a concretização do projeto Nova Dramaturgia Francesa e Brasileira, estamos dando um passo importante para a promoção do diálogo entre a produção local e a internacional e, consequentemente, para o estímulo à exportação das artes cênicas brasileiras. É a expansão de territórios e a diversidade da cultura brasileira o que alimenta meu desejo.

Um projeto singular por considerar desde o seu nascimento um fluxo que pertence às margens, às duas culturas.

A Nova Dramaturgia Francesa e Brasileira reúne o trabalho de dramaturgos dos dois países. Imaginamos que este encontro é gerador de movimentos e experiências para além de nossas fronteiras. É como se, através desse projeto, pudéssemos criar uma ponte direta e polifônica, cruzada por muitos olhares.

Como curadora do TEMPO_FESTIVAL, viajo por eventos internacionais de artes cênicas de diferentes países, e sempre retorno com o mesmo sentimento, a mesma inquietação: o teatro brasileiro precisa ser conhecido internacionalmente. É tempo de romper as fronteiras e apresentar sua potência e, assim, despertar interesse pelo mundo. Para que isso aconteça, o Núcleo dos Festivais Internacionais de Artes Cênicas do Brasil vem se empenhando para concretizar a exportação das nossas artes cênicas, o que torna este projeto de Internacionalização da Dramaturgia cada vez mais relevante.

O projeto me inspira, me move. É uma força ativa que expande e busca outros territórios. Desenvolver o intercâmbio com a Holanda e a Argentina são nossos próximos movimentos. O espaço de interação e articulação é potencialmente transformador e pode revelar um novo sentido de fronteira: DAQUELA QUE NOS SEPARA PARA AQUELA QUE NOS UNE.

Sou muito grata ao Arnaud Meunier por possibilitar a realização do projeto, à Comédie de Saint-Étienne – Centre Dramatique National, ao Institut Français, à Embaixada da França no Brasil, à Editora Cobogó, aos diretores do Núcleo dos Festivais Internacionais de Artes Cênicas do Brasil e a Bia Junqueira e a César Augusto pela parceria na realização do TEMPO_FESTIVAL.

Márcia Dias
Curadora e diretora do TEMPO_FESTIVAL

Plataforma de contato entre o Brasil e o mundo

Em 2015, o Núcleo dos Festivais Internacionais de Artes Cênicas do Brasil lançava, junto com a Editora Cobogó, a Coleção Dramaturgia Espanhola. No texto que prefaciava os livros e contava a origem do projeto, Márcia Dias, uma das diretoras do TEMPO_FESTIVAL, se perguntava se haveria a continuidade da proposta e que desdobramentos poderiam surgir daquela primeira experiência. Após três montagens teatrais, com uma indicação para prêmio,[*] e a produção de um filme de longa metragem, que participou de diversos festivais,[**] nasce um

---

[*] *A paz perpétua*, de Juan Mayorga, direção de Aderbal Freire-Filho (2016); *O princípio de Arquimedes*, de Josep Maria Miró, direção de Daniel Dias da Silva, Rio de Janeiro (2017); *Atra Bílis*, de Laila Ripoll, direção de Hugo Rodas (2018); e a indicação na Categoria Especial do 5º Prêmio Questão de Crítica, 2016.

[**] *Aos teus olhos*, adaptação de *O princípio de Arquimedes*, com direção de Carolina Jabor (2018), ganhou os prêmios de Melhor Roteiro (Lucas Paraizo), Ator (Daniel de Oliveira), Ator Coadjuvante (Marco Ricca) e Melhor Longa de Ficção pelo voto popular no Festival do Rio; Prêmio Petrobras de Cinema na 41ª Mostra São Paulo de Melhor Filme de Ficção Brasileiro; e os prêmios de Melhor Direção no 25º Mix Brasil e Melhor Filme da mostra SIGNIS no 39º Festival de Havana.

novo desafio: a Nova Dramaturgia Francesa e Brasileira. Esse projeto, que se inicia sob o signo do intercâmbio, dá continuidade às ações do Núcleo em favor da criação artística e internacionalização das artes cênicas. Em parceria com La Comédie de Saint-Étienne – Centre Dramatique National, Institut Français e Embaixada da França no Brasil, e, mais uma vez, com a Editora Cobogó, a Nova Dramaturgia Francesa e Brasileira prevê tradução, publicação, leitura dramática, intercâmbio e lançamento de oito textos de cada país, em eventos e salas de espetáculos da França e do Brasil.

Essa ação articulada terá duração de dois anos e envolverá todos os festivais integrantes do Núcleo. Durante o ano de 2019, os textos franceses publicados sob o selo Coleção Dramaturgia Francesa, da Editora Cobogó, percorrerão quatro regiões do país, iniciando as atividades na Mostra Internacional de Teatro de São Paulo (MITsp). A partir daí, seguem para o Festival Internacional de Teatro de São José do Rio Preto (FIT Rio Preto), Cena Contemporânea – Festival Internacional de Teatro de Brasília e Festival Internacional de Londrina (FILO). Depois, as atividades se deslocam para o Recife, onde ocorre o RESIDE_FIT/PE Festival Internacional de Teatro de Pernambuco e, logo após, desembarcam no Porto Alegre em Cena – Festival Internacional de Artes Cênicas e no TEMPO_FESTIVAL – Festival Internacional de Artes Cênicas do Rio de Janeiro. A finalização do circuito acontece no Festival Internacional de Artes Cênicas da Bahia (FIAC Bahia), em Salvador.

Em 2020, será a vez dos autores e textos brasileiros cumprirem uma agenda de lançamentos no Théâtre National de La Colline, em Paris, no Festival Actoral, em Marselha, em La Comédie de Saint-Étienne, na cidade de mesmo nome.

Confere singularidade ao projeto Nova Dramaturgia Francesa e Brasileira a ênfase no gesto artístico. A escolha de envolver diretores-dramaturgos para fazer a tradução dos textos para o português reconhece um saber da escrita do teatro que se constrói e amadurece nas salas de ensaio. Os artistas brasileiros que integram o grupo de tradutores são Alexandre Dal Farra, que traduz *J'ai pris mon père sur mes épaules*, de Fabrice Melquiot; Gabriel F., responsável por *C'est la vie*, de Mohamed El Khatib; Grace Passô, que traduz *Poings*, de Pauline Peyrade; a Jezebel de Carli cabe *La brûlure*, de Hubert Colas; Marcio Abreu se debruça sobre *Pulvérisés*, de Alexandra Badea; Pedro Kosovski faz a tradução de *J'ai bien fait?*, de Pauline Sales; Grupo Carmin trabalha com *Où et quand nous sommes morts*, de Riad Gahmi; e, finalmente, Renato Forin Jr. traduz *Des hommes qui tombent*, de Marion Aubert.

Outra característica do projeto é, ainda, a leitura dramatizada dos textos. Em um formato de minirresidência, artistas brasileiros, junto a cada autor francês, compartilham o processo criativo e preparam a leitura das peças. Cada um dos Festivais que integram o Núcleo apresenta o resultado desse processo e realiza o lançamento do respectivo livro. Será assim que as plateias francesas conhecerão *Amores surdos*, de Grace Passô; *Jacy*, de Henrique Fontes, Pablo Capistrano e Iracema Macedo; *Caranguejo overdrive*, de Pedro Kosovski; *Maré* e, também, *Vida*, de Marcio Abreu; *Mateus 10*, de Alexandre Dal Farra; *Ovo*, de Renato Forin Jr.; *Adaptação*, de Gabriel F.; e *Ramal 340*, de Jezebel de Carli, que serão dirigidos por artistas franceses.

Essa iniciativa convida a pensar sobre o papel do Núcleo no campo das artes cênicas, sobre seu comprometimento e interesse na produção artística. Temos, ao longo dos anos, promovido ações que contribuem para a criação, difusão, formação e divulgação das artes da cena, assumindo o papel de uma plataforma dinâmica na qual se cruzam diferentes atividades.

A chegada à segunda edição do projeto poderia sugerir uma conclusão, o porto seguro das incertezas da primeira experiência. Mas, pelo contrário, renovam-se expectativas. É das inquietações que fazemos nossa nova aventura, força que nos anima.

Núcleo dos Festivais Internacionais de Artes Cênicas do Brasil

Cena Contemporânea – Festival Internacional de Teatro de Brasília
Festival Internacional de Artes Cênicas da Bahia – FIAC Bahia
Festival Internacional de Londrina – FILO
Festival Internacional de Teatro de São José do Rio Preto – FIT Rio Preto
Mostra Internacional de Teatro de São Paulo – MITsp
Porto Alegre em Cena – Festival Internacional de Artes Cênicas
RESIDE_FIT/PE – Festival Internacional de Teatro de Pernambuco
TEMPO_FESTIVAL – Festival Internacional de Artes Cênicas do Rio de Janeiro

CIP-BRASIL. CATALOGAÇÃO-NA-FONTE
SINDICATO NACIONAL DOS EDITORES DE LIVROS, RJ

A912h
Aubert, Marion, 1977-
Homens que caem: Cédric, cativo dos anjos / Marion Aubert; tradução Renato Forin Jr.- 1. ed.- Rio de Janeiro: Cobogó, 2019.
148 p.; 19 cm. (Dramaturgia francesa; 6)

Tradução de: Des hommes qui tombent
ISBN 978-85-5591-089-0

1. Teatro francês (Literatura). I. Forin Jr., Renato. II. Título. III. Série.

19-59413
CDD: 842
CDU: 82-2(44)

Vanessa Mafra Xavier Salgado- Bibliotecária- CRB-7/6644

Nesta edição, foi respeitado o Acordo Ortográfico da Língua Portuguesa de 1990, que entrou em vigor no Brasil em 2009.

Todos os direitos em língua portuguesa reservados à
Editora de Livros Cobogó Ltda.
Rua Jardim Botânico, 635/406
Rio de Janeiro – RJ – 22470-050
www.cobogo.com.br

© Editora de Livros Cobogó

Texto
Marion Aubert

Tradução
Renato Forin Jr.

Colaboração em tradução
Marcelo dos Santos Mamed

Editora-chefe
Isabel Diegues

Editora
Natalie Lima

Gerente de produção
Melina Bial

Revisão da tradução
Sofia Soter

Revisão
Eduardo Carneiro

Capa
Radiográfico

Projeto gráfico e diagramação
Mari Taboada

A Coleção Dramaturgia Francesa
faz parte do projeto
Nova Dramaturgia Francesa e Brasileira

Idealização
Márcia Dias

Direção artística e de produção Brasil
Márcia Dias

Direção artística França
Arnaud Meunier

Coordenação geral Brasil
Núcleo dos Festivais Internacionais
de Artes Cênicas do Brasil

Publicação dos autores
brasileiros na França
Éditions D'ores et déjà

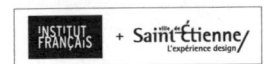

É A VIDA, de Mohamed El Khatib
Tradução Gabriel F.

FIZ BEM?, de Pauline Sales
Tradução Pedro Kosovski

ONDE E QUANDO NÓS MORREMOS, de Riad Gahmi
Tradução Grupo Carmin

PULVERIZADOS, de Alexandra Badea
Tradução Marcio Abreu

EU CARREGUEI MEU PAI SOBRE MEUS OMBROS, de Fabrice Melquiot
Tradução Alexandre Dal Farra

HOMENS QUE CAEM, de Marion Aubert
Tradução Renato Forin Jr.

PUNHOS, de Pauline Peyrade
Tradução Grace Passô

QUEIMADURAS, de Hubert Colas
Tradução Jezebel de Carli

COLEÇÃO
DRAMA-
TURGIA
FRANCESA

COLEÇÃO DRAMATURGIA ESPANHOLA

A PAZ PERPÉTUA, de Juan Mayorga
Tradução Aderbal Freire-Filho

ATRA BÍLIS, de Laila Ripoll
Tradução Hugo Rodas

CACHORRO MORTO NA LAVANDERIA: OS FORTES, de Angélica Liddell
Tradução Beatriz Sayad

CLIFF (PRECIPÍCIO), de José Alberto Conejero
Tradução Fernando Yamamoto

DENTRO DA TERRA, de Paco Bezerra
Tradução Roberto Alvim

MÜNCHAUSEN, de Lucía Vilanova
Tradução Pedro Brício

NN12, de Gracia Morales
Tradução Gilberto Gawronski

O PRINCÍPIO DE ARQUIMEDES, de Josep Maria Miró i Coromina
Tradução Luís Artur Nunes

OS CORPOS PERDIDOS, de José Manuel Mora
Tradução Cibele Forjaz

APRÈS MOI, LE DÉLUGE (DEPOIS DE MIM, O DILÚVIO), de Lluïsa Cunillé
Tradução Marcio Meirelles

Coleção Dramaturgia

ALGUÉM ACABA DE MORRER LÁ FORA, de Jô Bilac

NINGUÉM FALOU QUE SERIA FÁCIL, de Felipe Rocha

TRABALHOS DE AMORES QUASE PERDIDOS, de Pedro Brício

NEM UM DIA SE PASSA SEM NOTÍCIAS SUAS, de Daniela Pereira de Carvalho

OS ESTONIANOS, de Julia Spadaccini

PONTO DE FUGA, de Rodrigo Nogueira

POR ELISE, de Grace Passô

MARCHA PARA ZENTURO, de Grace Passô

AMORES SURDOS, de Grace Passô

CONGRESSO INTERNACIONAL DO MEDO, de Grace Passô

IN ON IT | A PRIMEIRA VISTA, de Daniel MacIvor

INCÊNDIOS, de Wajdi Mouawad

CINE MONSTRO, de Daniel MacIvor

CONSELHO DE CLASSE, de Jô Bilac

CARA DE CAVALO, de Pedro Kosovski

GARRAS CURVAS E UM CANTO SEDUTOR, de Daniele Avila Small

OS MAMUTES, de Jô Bilac

INFÂNCIA, TIROS E PLUMAS, de Jô Bilac

NEM MESMO TODO O OCEANO, adaptação de Inez Viana do romance de Alcione Araújo

NÔMADES, de Marcio Abreu e Patrick Pessoa

CARANGUEJO OVERDRIVE, de Pedro Kosovski

BR-TRANS, de Silvero Pereira

KRUM, de Hanoch Levin

MARÉ/PROJETO bRASIL, de Marcio Abreu

AS PALAVRAS E AS COISAS, de Pedro Brício

MATA TEU PAI, de Grace Passô

ÃRRÃ, de Vinicius Calderoni

JANIS, de Diogo Liberano

NÃO NEM NADA, de Vinicius Calderoni

CHORUME, de Vinicius Calderoni

GUANABARA CANIBAL, de Pedro Kosovski

TOM NA FAZENDA, de Michel Marc Bouchard

OS ARQUEÓLOGOS, de Vinicius Calderoni

ESCUTA!, de Francisco Ohana

ROSE, de Cecilia Ripoll

O ENIGMA DO BOM DIA, de Olga Almeida

A ÚLTIMA PEÇA, de Inez Viana

BURAQUINHOS OU O VENTO É INIMIGO DO PICUMÃ, de Jhonny Salaberg

PASSARINHO, de Ana Kutner

INSETOS, de Jô Bilac

A TROPA, de Gustavo Pinheiro

A GARAGEM, de Felipe Haiut

SILÊNCIO.DOC, de Marcelo Varzea

PRETO, de Grace Passô, Marcio Abreu e Nadja Naira

MARTA, ROSA E JOÃO, de Malu Galli

MATO CHEIO, de Carcaça de Poéticas Negras

YELLOW BASTARD, de Diogo Liberano

SINFONIA SONHO, de Diogo Liberano

SÓ PERCEBO QUE ESTOU CORRENDO QUANDO VEJO QUE ESTOU CAINDO, de Lane Lopes

SAIA, de Marcéli Torquato

DESCULPE O TRANSTORNO, de Jonatan Magella

2019

1ª impressão

Este livro foi composto em Univers.
Impresso pela gráfica Stamppa
sobre papel Pólen Bold LD 70g/m².